石油精神学习
百问百答

《石油精神学习百问百答》编写组　编

中国石化出版社

图书在版编目（CIP）数据

石油精神学习百问百答 /《石油精神学习百问百答》编写组编 .— 北京：中国石化出版社，2021.7
ISBN 978-7-5114-6371-5

Ⅰ . ①石… Ⅱ . ①石… Ⅲ . ①石油工业—工业企业—思想政治教育—中国—学习参考资料 Ⅳ . ① D412.62

中国版本图书馆 CIP 数据核字（2021）第 120928 号

中国石化出版社出版发行
地址：北京市东城区安定门外大街58号
邮编：100011　电话：（010）57512500
发行部电话：（010）57512575
http：//www. sinopec-press. com
E-mail：press@ sinopec. com
北京富泰印刷有限责任公司印刷

*

880 × 1230 毫米　32 开本　8 印张　121 千字
2021 年 7 月第 1 版　2021 年 7 月第 1 次印刷
定价：46.00 元

前 言
PREFACE

2016年6月，习近平总书记作出重要批示，强调要大力弘扬以“苦干实干”“三老四严”为核心的石油精神，深挖其蕴含的时代内涵，凝聚新时期干事创业的精神力量。习近平总书记关于深入学习和大力弘扬石油精神的重要批示，是新时代产业职工的行动指南和根本遵循，必须要学懂、吃透，并迅速把习近平总书记重要批示精神转化为生动实践。

以“苦干实干”“三老四严”为核心的石油精神，是中国共产党人在推动伟大社会革命中创造的宝贵精神财富，是石油石化战线的立身之本、创业之魂，是整个中国工业战线精神层面的巍巍丰碑。石油精神的灵魂在于对党忠诚、矢志报国。因此，无论过去、现在还是将来，我们都要大力传承石油精神、弘扬优良传统，凝聚广大职工干事创业正能量，不断开创改革发展新局面。

新时代催人奋进，新征程任重道远。新中国70多年工业战线波澜壮阔的改革发展历程启示我们：改变历史的只能是坚定者、奋进者、搏击者。我们要以习近平新时代中国特色社会主义思想为指导，将石油精神、优良传统在新时代不断发扬光大，继续在新的长征路上艰苦奋斗、奉献奋进、开拓创新、攻坚克难，为实现“两个一百年”奋斗目标、实现中华民族伟大复兴的中国梦作出新的更大贡献。

《石油精神学习百问百答》编写组将石油精神起源、形成和不断发展过程中的典型故事和事件进行了梳理、概括、总结，并在本书中以问答的形式展现给读者，可方便读者全面、快速、深刻学习领会石油精神内涵，科学指导生产实践。特别是当前，在党史学习教育活动中，广大石油人要传承红色基因、赓续精神血脉，把传承石油精神不断向纵深推进，使石油精神融入日常、深入人心、落地生根，成为推动新时期国有企业高质量发展的重要支撑和坚强保障。

本书编写组由周洪成、曲晓论、杨荣才、耿庆昌、刘茂诚组成。在本书的编写过程中，编写组成员始终高标准、严要求，力求高质量出版，先后阅读和参考了大量的书籍，精益求精、几易其稿，科学地设置了问题和答案。感谢中国石化出版社领导与编辑人员对本书作出的辛勤努力。由于本书编写时间仓促，加之编者水平有限，书中若有不足之处，敬请广大读者指正。

目　录

CONTENTS

什么是“石油精神”的核心？

习近平总书记于2016年6月作出大力弘扬以“苦干实干”“三老四严”为核心的“石油精神”的重要批示，深挖其蕴含的时代内涵，凝聚新时期干事创业的精神力量。习近平总书记关于“石油精神”的重要批示，高度概括了“石油精神”的精髓，饱含着对石油石化工业发展的厚望，充分体现了对石油人、石化人的亲切关怀。“石油精神”形成于火热的建设年代，鼓舞着全国人民，激励着各行各业，是石油石化战线的立身之本、创业之魂，成为激励全国亿万产业工人永远奋斗的强大精神动力。大力弘扬“石油精神”，首先要深化对国有企业强根固魂的认识，切实增强贯彻落实习近平总书记重要指示批示精神的思想自觉、行动自觉，奋力推动习近平总书记重要指示批示精神落地生根，迅速转化成推进央企高质量发展的生动实践。

2 “石油精神”的五大特性是什么？

“石油精神”的五大特征：一是政治先进性；二是鲜明时代性；三是实践创造性；四是文化传承性；五是价值共同性。

3 “石油精神”蕴含的时代内涵是什么？

“石油精神”的时代内涵，可以概括为“六个坚守”：一是坚守忠诚担当的政治品格；二是坚守创新创业的奋斗本色；三是坚守求实奉献的优良作风；四是坚守清正廉洁的品德操守；五是坚守开放共享的时代理念；六是坚守办实事开新局的价值追求。

4 新时代，弘扬“石油精神”的“六个坚持”是什么？

新时代，弘扬“石油精神”的“六个坚持”：一是坚持党的领导，把讲政治作为第一要求；二是坚持服务大局，服务党和国家工作全局，服务企业战略部署；三是坚持守正创新，坚持优良传统，创新方式方法，使“石油精神”与时俱进、深入人心；四是坚持落到实处，通过扎实有效的措施，使“石油精神”内化于心、外化于行、固化于制；五是坚持以上率下，领导干部率先垂范、走在前列、当好表率；六是坚持激活基层，充分调动基层积极性、主动性和创造性。

5 新时代，弘扬“石油精神”的八项重点举措是什么？

新时代，弘扬“石油精神”的八项重点举措：一是融入企业总体战略，使之成为中国石油精神旗帜；二是融入思想政治教育，使之成为干部员工的精神支柱；三是融入宣传文化工作，使之成为企业文化的主旋律；四是融入企业改革发展，使之成为创建世界一流的精神支柱；五是融入履行央企责任，使之成为为国担当的动力源泉；六是融入干部队伍建设，使之成为石油人的精神基因；七是融入企业党的建设，使之成为强根铸魂的有力武器；八是融入“走出去”战略，使之成为中国“石油精神”的海外形象品牌。

6 怎样从政治高度上深刻理解为什么要大力弘扬“石油精神”？

从政治的高度看，习近平总书记关于“石油精神”的重要批示，是习近平新时代中国特色社会主义思想在石油行业的生动体现。大力弘扬“石油精神”，激发“我为祖国献石油”的初心，承担推动中国石油工业发展的使命，是必须履行的政治责任、必须完成的政治任务、必须交出的合格政治答卷。

7 为什么说“埋头苦干”是“石油精神”的奠基之石？

“埋头苦干”是以“自力更生，艰苦奋斗”为核心的“延安精神”的直接体现和重要组成部分，是中华民族精神的重要组成部分。延长石油厂[①]创建初期，早期的延长石油人在帝国主义列强的虎视眈眈下，组织二十万兵丁和民工修通铜川金锁关到延长县城的马车

① 延长石油厂是中国近代机器采炼石油的企业，新中国成立后改称延长油矿，现为陕西延长石油(集团)有限责任公司。

道，运回了顿钻设备。并且在1907年，在中国建成了第一口陆地油井，从此打开了中国陆地石油产业的历史，第一个炼油房的建设，实现了中国陆上产石油的先例。1935年，刘志丹率领陕北红军解放了延长县，延长石油厂回到人民的怀抱①。这一时期，延长石油人因陋就简，土法上马，生产了大量的煤油、汽油、柴油、蜡烛、油墨等产品，有力支援了全国抗日战争，被誉为“功臣油矿”。解放战争时期，延长石油厂遵照党中央指示，组建了工人支队，用鲜血和生命保护了油厂。延长县光复后，油厂职工立即恢复采油、炼油设备，圆满地完成了支前任务，为中国革命的胜利建立了不朽业绩。1944年，毛泽东为延长石油厂厂长陈振夏亲笔写下“埋头苦干”四个大字，并以此来表扬和赞美延长石油人。②从此，这一评价便成为延长石油人永志不忘的矿训，成为石油儿女艰苦创业、开拓进取的精神动力。新中国成立后，延长石油继续弘扬“自力更生，艰苦奋斗”的精神内涵以及老延长的优秀传统，通过革新生产技术，解决生产过程中存在的困难和问题，在20世纪50年代末延长石油的原油产量第一次实现万吨大关的突破。

2016年6月，在中国共产党95周岁生日前夕，习

① 周洪成．石油精神读本［M］．北京：中国石化出版社，2019，51．

②《百年石油》编写组．百年石油［M］．北京：石油工业出版社，2009，13．

近平总书记作出大力弘扬以“苦干实干”“三老四严”为核心的“石油精神”的重要批示。[①]习近平总书记从全党全国工作大局出发，高度地概括出新中国石油工业七十年坚贞不渝、“苦干实干”与七十二年前毛泽东题写的“埋头苦干”精神一脉相承的核心要义，有着重要的历史意义和现实意义。

所以说，“埋头苦干”精神是“石油精神”的奠基之石，是火种、是源头，更是全中国人民的共同精神财富。

8 玉门石油人“五种精神”的内容是什么？

在中国石油工业加快发展的建国初期，玉门油矿担负起了大学校、大试验田、大研究所，出产品、出技术、出经验、出人才“三大四出”的历史重任，全力支援全国新油田建设。他们从全国“一盘棋”出发，提出“一援、二让、三上”的行动方针，把支援新油田的勘探、开发建设作为自己的首要任务，成建制地把骨干队伍和成套设备一批又一批地送往新区和兄弟油田需要的地方，慷慨激昂地走向中国石油工业转折的历史舞台，

① 周洪成．石油精神读本[M]．北京：中国石化出版社，2019，1．

谱写了曾使一代人流下热泪的“玉门风格”。

把最好的给了别人，剩下的自然是困难和紧张。支援别人还要发展自己，“人走精神在，人减干劲增”“慷慨无私支援别人，历尽艰辛发展自己”，不抱怨，不张口，不伸手，利用现有条件，不等不靠，在艰难中崛起，形成传承至今的“一厘钱”“穷捣鼓”“找米下锅”“小厂办大事”“再生厂”的玉门石油人“五种精神”，集中体现了石油工人的优秀品质，是石油精神文化的优秀基因。

9 王进喜带领的钻井队在玉门油矿创造的全国最高、世界少有的纪录是什么？

“铁人”王进喜是全国著名的劳动模范。他在玉门油田工作10年，创造了多项石油钻井行业的第一。[①]1958年初，在“大战白杨河”的勘探中，王进喜带领贝乌5队豪迈地提出了“月上千，年上万，标杆插上祁连山”的响亮口号。为了实现这一目标，王进喜“寝不安席，食不甘味”，吃住在井场，一天24小时管生产。大到生产组织、人员思想、打井方案、泥

① 周洪成．石油精神读本[M].北京:中国石化出版社,2019,65.

浆配制、钻头使用，小到钻杆摆放、丝扣抹油、要车领料，像一个上足劲的陀螺一样围着钻井任务转个没完。吃饭就叫徒工从食堂里带，啥时候有时间就啥时候吃。睡觉也是有空了才睡上一觉，钻杆上、泥浆槽里、电机房边都是他睡觉的地方，一张老羊皮袄白天披、晚上盖，整天不离身。天气暖和时就睡在井旁，随时掌握钻机运转的情况。就这样，王进喜把自己像钉子一样钉在了井场上，井越打越快，只用了13天就打了1191米，提前实现了“月上千”的目标。接着不甘示弱的王进喜又向“月上五千”冲击。他依然“全天滚”，天天围着钻台转。到1958年9月，贝乌5队当月钻井进尺达到5009米，创造了全国最高、世界少有的钻井纪录。

10 为什么说“爱国救国精神是中国近代石油工业产生与发展的动力”？

在中国近代石油开发初期，一大批爱国知识分子放弃国外或大城市生活，怀着“爱国救国”的强烈愿望，在列强侵略封锁的情况下，克服重重困难，披荆斩棘、筚路蓝缕，艰难前行，奔赴荒凉的延长、玉门等艰苦的开发前线，进行石油勘探、开发、员工培训及参与管理。如果没有他们当初的“爱国救国精神”，就没有中国近代石油工业举步维艰的发展。所以说，这种精神是中国近代石油工业产生和发展的动力。“爱国救国精神是中国近代石油工业产生和发展的动力”被石油史学界认为，是中国近代石油工业发展的历史给我们的三大深刻启示之一。①

从1940年开始，一批年轻有为的大学生将物理勘探方法应用到石油生产中，翁文波便是其中的重要一员。他早年毕业于清华大学物理系，后赴英国留学，1939年获博士学位后回国任教。1940年3月，他提出了一个物理探矿计划，与助手赵仁寿携带自制仪器到玉门油田，对油井进行电测，根据所获资料增加钻探深度，提高油井产量，1945年7月，由翁文波任队长的第一支重磁力勘探队成立，队员有丛范滋、李德生、汤任先等。他们绘制了沿河西走廊一带的地质、重力线综合图（比例尺为1：100000）20幅，这些图件为玉门油田的勘探开发提供了十分重要的地球物理数据。

① 梁华，刘金文. 中国石油工业发展对策研究[M]. 北京：中国石化出版社，2003，27.

祖国石油的“拓荒者”孙健初[①]、勒锡庚、严爽、陈振夏等是早期献身石油工业的知识分子代表，爱国救国的楷模，他们把毕生精力献给了中国的石油工业。孙健初作为中国早期的石油地质专家，对玉门油田的勘探开发作出了开创性的贡献。他撰写的《发展中国油矿计划纲要》《西北油田地质征略》等论文，为中国石油工业的发展提供了重要的理论和实践依据。他建立了中国第一支石油地质研究专业队伍，培养了大量专业人才。新中国成立后，孙健初被任命为石油管理总局勘探处处长，并担任全国地质工作计划指导委员会委员、中国科学院专门委员，指导全国石油地质勘探工作。[②]

靳锡庚从勘探玉门油田开始，成为最早进入石油行业的测量技术人员之一，此后，他勤奋钻研地质、钻井等专业知识，为中国油田勘探开发事业作出了突出贡献。

1938年12月23日，严爽带领勘探队骑着骆驼从

① 孙健初(1897—1952年),地质学家、石油地质学家。孙健初是玉门油田的开拓者,中国近代石油勘探的先行者之一。1938年6月,国民政府资源委员会成立甘肃油矿筹备处,孙健初被派往玉门进行石油地质调查,并与靳锡庚、严爽等人绘制了老君庙一带的地形图和地质构造图,拟定了第一批钻探井位。1941年3月,甘肃油矿局正式成立,孙健初任地质室主任。1949年9月,西北军区司令员贺龙亲笔写信给孙健初,表扬其对祖国石油工业作出的贡献。

②《百年石油》编写组．百年石油[M].北京:石油工业出版社,2009,20.

酒泉出发，开展地质勘探工作。时值数九、风雪交加，骑在骆驼背上时间稍长，双脚就会冻得麻木，严爽和队员们只好不时地离开驼背、徒步行走、活动身体。经过4天艰苦跋涉，终于到达海拔2400多米的石油河畔。这里荒无人烟，草木稀少，只有一座孤零零的老君庙。他们在老君庙旁边支起一顶蒙古包、安营扎寨，并开展测量地形、勘探地质状况、确定井位等工作，从此迈开了开发玉门油田的第一步。

为进行"爱国救国精神"革命传统教育，2020年曾对61位当年奔赴延长、玉门的爱国人士进行调查，目前仅5位健在，最大者99岁。然而，他们为祖国所作出的巨大贡献在祖国石油工业发展史上将会永载史册，他们缔造的"爱国救国精神"，更将激励一代代中国人为实现中华民族伟大复兴的中国梦而不懈奋斗！

11 新时代，我们应该学习李四光的什么精神？

李四光（1889年10月26日—1971年4月29日），湖北省黄冈县（现为湖北省黄冈市）人。中国著名地质学家和古生物学家，蒙古族。李四光是中国古生物学、地质学、第四纪地质学研究的开拓者，创立了大地构造理论地质力学，对亚欧大陆东部山脉体系的形成原因提出了自己独特的观点，是现代板块构造理论出现之前的大地构造理论之一。

他对中国北部䗴类化石及其地层意义的研究是中国最早进行的䗴类及石炭-二叠系研究。其创立的䗴字，用来翻译Fuzulinid（一种早已灭绝的有孔虫，属于原生动物），为现在的中国古生物学界所沿用。提出了华东第四纪冰川存在的理论。运用地质力学对地壳运动及其与矿产分布规律的研究，创建了地质力学和构造体系的概念。预测了新华夏构造体系三个沉降带存有石油，后大庆、胜利等油田的发现证实了其预测。

党和国家对李四光所作出的贡献给予了充分肯定，周恩来在第三届全国人民代表大会政府报告中曾指出："大庆油田就是根据我国地质专家独创的石油地质理论进行勘探而发现的。"

在努力实现中华民族伟大复兴的中国梦的征程中，更要学习和发扬"李四光精神"，为全面建成小康社会而奋斗。

一是他热爱祖国、时刻以"科学救国"为己任的爱国主义精神值得我们学习。在祖国沉沦于外国列强奴役和凌辱的年代，他不甘屈辱，毅然投身革命；当革命遭到挫折时，他不随波逐流，奋发学习，把为富民强国而寻找和开发地下资源当作终生奋斗的目标；面对那些藐视中国的外国人，他傲骨凌霜，不卑不亢，以显赫的科学成就著称于国际学术界，他是中国知识分子的脊梁，是中国知识分子的骄傲。我们纪念和学习李四光，就应该像他那样胸怀大志，热爱祖国，立志报国，把自己的前途和命运永远同祖国联系在一起。

二是他心系人民、追求真理的崇高品格值得我们赞叹。他的一生历经曲折坎坷，费尽千辛万苦，他顺应历史和社会进步的时代潮流，走出了一条为追求真理而坚持奋斗的知识分子的道路。我们纪念和学习李四光，就应该像他那样有着“咬定青山不放松”的执着精神，充分发挥自己的能量，努力推进社会的进步，矢志不渝地坚持正确的人生方向。

三是时光让许多精彩故事沉淀为萧瑟的历史，唯有不朽的文化和精神，会在代代相传中愈发灵动和鲜活。回顾新中国七十余年的发展路程，欣然发现，无论历史的风云如何变幻，“李四光精神”从没有离开过那些为了国家而努力奋斗的人们，也从来没有离开过曲折发展的地质事业。在新时代，李四光的精神一直鞭策着祖国人民努力学习刻苦钻研，不断精益求精，为如今日益强大的祖国贡献自己的一份力量。

12 近代“中国贫油论”的由来?

美国美孚石油公司顾问、地质师克拉普和富勒分别化名为马栋臣和王国栋，曾于1914—1916年在陕北一带做过石油地质调查。他们回国后，连续发表文章，对中国石油资源进行评价。在《中国东北部的含油远景》[①]一文中，他们写道:“中国东北绝大部分地区，从岩石类型及其时代来看，没有含油可能性。然而某些地区值得考虑，其中最重要的是陕西盆地……这个盆地已具小规模石油生产，但不可能进行大规模的石油开发工作。”他们对中美两国地质条件进行比较，认为在中美两国都发育了古生代的石灰岩，但中国比美国的石灰岩变质程度高，美国的厚层页岩富含有机质，形成了大量的石油；而中国东北部该地层缺失，石炭-二叠系地层的厚度小，很少超过160m，没有厚的生油层，就不能像美国东部和中陆区的油田那样生产大量的石油。他们还说:“从整体来看，石炭纪以后的地层，主要是陆相成因，绝大部分地层缺少能够生产大量石油的富含有机质的页岩。适当的盖层很少，因为以砂

① 美国石油地质家协会.美国石油地质协会会志(第十卷)[M].上海:商务印书馆,1926,32.

盖为主的地层，易造成石油的散失而不利于石油聚集。在中国东北部的主要盆地中，也没有像美国东部和中陆区等主要产油区那样大量存在明显的背斜、穹窿和阶地。”

美国斯坦福大学地质学教授布莱克维尔德，对中国的含油远景持全盘否定态度。1922年，他在纽约举行的美国矿冶工程师学会上，曾讲道：“山东半岛及辽东地区……大部分为古生界和更老的地层，构造复杂。这两个地区是否有石油，是极怀疑的。中国东部大平原是一近期沉降区，上有厚层的黄河及长江三角洲沉积覆盖，要在这个沉积区域找到石油，那是偶然的。”“中国东南部，全为上白垩系地层，从褶皱到石油的可能性更为遥远。”而“中国西北部，包括山西、陕西、甘肃……目前虽然在生产极少量的石油，但是，看来这里不会找到一个更为主要的油田。在大多数工作过的地区，岩石受到强烈的褶皱作用，西藏南部，虽然分布有中生界和始新统地层，但其构造情况与阿尔卑斯山类似，因此，油气聚集的可能性是很小的。”

美国新莱尔联合石油公司地质师希洛埃曾写过一篇题为《远东石油》的文章，发表在1927年美国出版的《远东矿业与工业》上。他在这篇文章中写道：“从地层观点看，中国大部分的下古生界为厚度很大的块状石灰岩……虽可解释为有利于储集石油的因素，但由于缺乏含沥青的页岩夹层，因而就大大降低了含油的可能性。”“中国广大地区的地质构造主要的断块，沿着断层线的构造运动形成了不整合和层系的缺失。在这种条件下，不利于石油的聚集和存在。”“在广大地区，某些岩石也可以看作生油层，但区域的变质作用逐渐加强，这就使得地层中已经含有的石油也都跑光了。”他估计，中国的石油储量，充其量也不过是美国石油储量的1%（当时美国的石油可采储量为14.3亿吨）。

曾任苏联驻华使馆商务参赞、并一度兼任北京大学地质系讲师的托加雪夫曾于1930年发表《远东矿业》一文，他在这篇文章中写道：“除新疆及东北外，中国其他部分的地质构造，都很少有找到油的希望。华北广泛分布着结晶岩和变质岩，华南的石炭系地层又多褶皱和断裂，而且还有火成岩侵入。”

美国德士古公司经理罗杰斯在《美国实业发展史》[①]一书中写道：“亚洲腹地，包括蒙古高原，以及中国其他大部分地区，都没有储存有开采价值的石油的可能性。”

在“中国贫油”的论调不断出现的情况下，中国著名地质学家李四光却对中国的石油寄予希望。1928年，他在《现代评论》上发表的一篇文章中就曾对“中国贫油论”进行了驳斥，他针锋相对地指出：“美孚的失败，并不能证明中国没有油田可办。”“中国西

① 申力生．中国石油工业发展史(第2卷)[M]．北京:石油工业出版社,1988,56.

北方出油的希望虽然最大，然而还有许多地方并非没有希望。热河据说也有油苗，四川的大平原也值得好好研究，和四川赤盆类似的地域也不少，都值得一番考察。”1935年，李四光在英国伯明翰大学、剑桥大学等8所大学讲课，讲到新华夏系沉降带时又指出：“在中国华北平原‘通过深钻和地震的办法，可以揭露出有重要经济价值的沉积物’。这里所说的沉积物当为石油和天然气。”[①]经过几代石油人“苦干实干”，艰苦卓绝地奋斗，彻底打破了“中国贫油论”。1978年，中国原油年产量突破一亿吨大关；2020年全国原油产量达到1.95亿吨，同比增长1.6%，连续两年产量回升；天然气产量达到1888亿立方米，同比增长9.8%，连续四年增产超过100亿立方米。原油年产量在世界各产油国中名列前茅。

13 什么是玉门油矿的“老君庙精神”？

20世纪30年代，日本帝国主义侵略中国。在中国共产党倡导下，全国人民奋起抗战，形成抗日民族统一战线。1938年，抗日大后方发生“油荒”，对石油的

① 罗杰斯．美国实业发展史[M]．上海:商务印书馆,1941,86.

需求极为迫切。时任国民政府经济实业部部长兼资源委员会主任的翁文灏在汉口拜会中共代表周恩来，协商从延长石油厂调两部钻机到玉门钻井。同年8月，八路军总部派车协助运送两台钻机及配套设备30余吨，延长石油厂选派22名技术熟练的钻井工人一同前往，支援玉门石油勘探开发。

在抗日战争最艰难时期，老一辈地质家和矢志开发祖国石油资源的创业者，满怀爱国热情，克服难以想象的困难，为玉门石油的早期勘查钻井倾心血、洒汗水，在条件异常艰苦、没有任何依托的祁连山麓、老君庙旁，留下深深的足迹。1938年12月23日，由甘肃油矿筹备处主任严爽、地质家孙健初等人组成的勘探队，骑着骆驼从酒泉出发，于12月26日到达海拔2400多米的石油河畔。第二天，在野外调查和踏勘井位时，他们发现西边有一座100多米高的弓形山，决定前去查看却找不到路，只好沿着石油河西岸的峭壁向上爬。前面的人用镐挖出一个台阶，后面的人再用力把前面的人推上去。就这样一步一步地向上挪，终于挪到山顶。在野外午餐时没有水，就到山沟里抓雪吃；自带的馒头冻成了冰疙瘩，就点燃拾来的骆驼草烤一下再吃。这样的生活，接连持续了几个月，终于完成了老君庙一带地形图、地质构造图的绘制，并确定了第一批8口井的井位。

1939年3月，从各地调集、招雇来的员工，将从延长石油厂拆运来的钻机及其他器材搬运到老君庙1号井场。8月11日，当“老1井”钻至井深115.51米时，钻遇厚18.33米的油层，日产油10吨左右，从而拉开了老君庙油田石油勘探开发的序幕。1941年3月—4月，在加深钻探4口井的过程中，获得高产油流，发现了老君庙油田的主力油层。1942年，玉门油矿生产汽油约5000吨（180万加仑）。玉门油矿生产的油品，缓解了大后方的“油荒”，有力地支援了抗战。①玉门油矿自老1井开始，培育并形成了以“爱国救国”为主要内容的“老君庙”石油精神，培养并锻炼了一批具有丰富实践经验的工程技术人员和产业工人队伍。

玉门油矿在抗日战火中诞生，在解放战争的硝烟中成长。1949年，中国人民解放军第一野战军进军大西北，国民党西北军政长官公署和玉门特别党部的一些反动分子密谋破坏油矿。中国石油公司协理兼甘青分公司经理邹明等人支持员工护矿行动，将一部分设备藏进山沟，对一部分油井进行伪装，在炼油厂周围筑起围墙，并将油矿警队的武器发给护矿队，昼夜监视反动分子的行动。国民政府资源委员会主任委员孙

①《石油精神——文献石油70年》编写组．石油精神——文献石油70年[M]．北京：石油工业出版社，2020，32.

越崎组织委员会所属厂矿员工护厂护矿。[①]中共地下党员积极开展工作，油矿员工坚决斗争，反动分子破坏油矿的阴谋被彻底粉碎。9月25日，中国人民解放军第一野战军装甲部队开进油矿，玉门油矿获得新生。西北军政委员会为嘉奖玉门油矿职工在护矿斗争中的功绩，颁发了“发扬英勇护厂精神，为祖国建设事业百倍努力”的锦旗。到1949年，玉门油矿已发展成为一个具有地质、勘探、钻井、采油、炼油、机修、运输等生产部门和一些当时比较先进的工艺技术及装备的综合性石油企业，为新中国石油工业的发展奠定了基础。

20世纪40年代，老一辈地质学家和矢志开发祖国石油资源的创业者，以“爱国救国”“英勇护厂”的艰苦创业精神开发建设和保护老君庙油田，称为“老君庙精神”。

① 孙越崎(1893—1995年),中国近代能源工业奠基人之一。20世纪30年代,组织延长石油厂的石油勘探与生产,并主持玉门油矿的开发与生产。在中华人民共和国成立前夕,于1948年10月利用召开全国工业总会之机,商议国民政府资源委员会员工留在大陆“坚守岗位、维护财产、迎接解放、办理移交”事宜。1949年6月,辞去国民政府职务去香港,策划起义。由于孙越崎组织资源委员会所属厂矿员工护厂护矿,将近千个大中型厂矿企业及3万余名科技及管理人员完整地保留下来,这对于新中国成立后国民经济的恢复和发展起到了很大、很好的作用。

14 新中国成立后“三年恢复”时期，石油工业的大政方针是什么？

1949年10月1日，中华人民共和国宣告成立，揭开了中国现代石油工业新的历史篇章。10月1日，中央人民政府设立燃料工业部。1950年4月，燃料工业部在第一次全国石油工业会议上，确定“在三年内恢复已有的基础，发挥现有设备的效能，提高产量，有步骤、有重点地进行勘探与建设工作，以适应国防、交通、工业与民生的需要。”根据这项大政方针，新中国石油工业经过三年恢复与发展，1952年的原油产量达到43.5万吨，为1949年原油产量的3.6倍；生产汽油、煤油、柴油、润滑油四大类油品25.9万吨，比1949年提高了6倍多。

15 国民经济第一个五年计划，提出石油工业的指导方针是什么？

1953年，毛泽东、周恩来等党和国家领导人征询地质部部长李四光的意见。毛泽东说：“要进行建设，石油是不可缺少的，天上飞的，地下跑的，没有石油都转不动。”[①]李四光说：“我深信在中国辽阔的领域内，天然石油的蕴藏量应当是丰富的，关键是要抓紧做地质勘探工作。”李四光的意见同燃料工业部与国内其他方面的专家意见是一致的。天然石油的潜在资源丰富，生产成本低，只是勘探周期较长，投资较多；而像中国这样的大国，要长远地、根本地解决石油问题，只有大量开采天然石油才有可能。因此，在国民经济第一个五年计划中提出：“石油工业在我国特别落后，不但产量很低、设备能力很小，而且是资源情况不明。因此，要求我们大力地勘察天然石油资源，同时发展人造石油，长期地、积极地发展石油工业。”为了贯彻落实这项指导方针，大力加强石油普查勘探工作，国务院于1954年12月作出决定，从1955年起除燃料工业部石油管理总局继续负责石油的勘探开发外，还由地质部、中国科学院分别承担石油资源的普查和科学研究工作。1955年7月30日，第一届全国人民代表大会第二次会议决定撤销燃料工业部，成立石油工业部，全面加强石油工业的生产建设工作。根据国家确定的方针，石油工业部把发展天然石油放在首要地位。“一五”时期，全国石油产量年平均增长率为27.1%，

①《当代中国》丛书编辑部．当代中国的石油工业[M]．北京:石油工业出版社，1988,23.

1957年全国石油产量达145.78万吨。

1953—1959年，用于天然石油建设的资金，在石油工业建设总资金中的比重达71%，天然石油的勘探和开发都取得了重要进展。

16 玉门油矿为什么被誉为“石油工业的摇篮”？

玉门油矿因其特殊的历史地位和在石油工业发展中所做的贡献，被誉为“中国石油工业的摇篮”。新中国成立后，玉门油矿应用苏联的开发理论和开采技术，使钻井工艺、井下作业、开采方式及油藏研究等方面迅速缩短了与石油发达国家的差距。经过三年恢复和发展，玉门老君庙油田成为当时全国最大的油田。“一五”时期，玉门油田的建设被列入全国156项重点建设工程之一，全国人民从人力、物力、财力等各方面给予了极大支援。1953—1957年，玉门油矿共钻井674口，钻井进尺60万米，相当于新中国成立前22年钻井进尺的总和；在老君庙油田钻了一批探边井，使油田面积扩大了4倍；发现和探明白杨河油田的地质储量，钻探发现了石油沟、鸭儿峡油田。1957年，玉门油矿的原油年产量达75.54万吨，占全国原油年产量的87.78%。经过“一五”时期大规模的开发建设，一个包括地质、勘探、钻井、采油、机械制造和科学教育的新型石油工业基地——玉门石油城，在祁连山麓的石油河畔崛起。1957年，新华社向全世界庄严宣告：“中国第一个石油工业基地在玉门建成”。1958年7月，全国人大常委会委员长朱德视察玉门油矿，对油田职工在“一五”时期的建设成就，给予了热情鼓励和赞扬，并欣然题词：“玉门新建石油城，全国示范作典型，六万人民齐跃进，力争上游比光荣。”

玉门油田作为新中国第一个石油工业基地，担负起支援全国新油田建设的任务，先后支援新疆克拉玛依油田、青海冷湖油田的勘探开发生产建设，参加了川中石油勘探会战、大庆石油会战、华北石油勘探会战。玉门油田从全国“一盘棋”出发，在支援新油田的建设中，克服本位主义思想，一切服从国家建设的需要，始终坚持和发扬“一援、二让、三上”[①]和“三大四出”[②]的奉献精神。“苏联有巴库，中国有玉门。凡有石油处，就有玉门人。”这句广为流传的诗句，十分形象地概括了玉门油田在中国石油工业发展中的作用。

---

①“一援、二让、三上”：“一援”，无论什么时候都要把支援兄弟油田建设放在首位；“二让”，兄弟油田需要的人员和物资，尽管自己也需要，但要让，要优先满足兄弟油田的需要；“三上”，在支援兄弟油田的同时，要努力克服各种困难，继续发展本油田的生产建设。

②“三大四出”：“三大”，大学校、大试验田、大研究所；“四出”，出产品、出经验、出技术、出人才。

17 “玉门风格”的由来?

玉门油田全力支援新油田建设，在人员、设备和资金大量减少的情况下，坚持克服各种困难，坚持发展本油田的生产，并在实践中养成：自力更生、艰苦奋斗的“一滴油”精神；设备缺乏、自己修造的“穷捣鼓”精神；原材料不足，改制代用的“找米下锅”精神；人员不足、多做贡献的“小厂办大事”精神；修旧利废、挖潜改造的“再生厂”精神。玉门油田为迅速发展中国石油工业，顾全大局，优先大力支援兄弟油田，克服重重困难，努力发展自己的风格，被誉为“玉门风格”。

在继承和发扬玉门老“五种精神”的基础上，玉门石油人不断探索，超越自我，开拓创新，用实际行动，使玉门精神得到进一步升华，发展形成新“五种精神”：志在戈壁、扎根祁连的艰苦奋斗精神；以岗为家、自觉从严的油田主人翁精神；“三大四出”、无私援助的顾全大局精神；老矿挖潜、争做贡献的开拓不息精神；干群同心、克己奉公的为人民服务精神。

18 高寒地区冬季不能普遍钻井的惯例能不能被打破？

玉门油田为尽快探明老君庙油田面积，油田钻井队打破了高寒地区冬季不能普遍钻井的惯例。1952年，玉门油田完成钻井年进尺1.68万米，相当于新中国成立前玉门油田10年钻井总进尺的四分之三。全国劳动模范、第一届全国人大代表、1207钻井队队长郭孟和，为了多打井、多出油，在防寒设备极其简陋的情况下，带领全队职工冒着严寒，在海拔2500米的青草湾地区钻井获得成功，为在高寒地区冬季钻井积累了宝贵经验。郭孟和率领的1207钻井队，创出当时全国钻井日进尺234.4米的最高纪录。

玉门油田以郭孟和为代表的先进模范人物，成为激励玉门石油人奋发进取的一面旗帜。1966年3月3日，石油工业部授予郭孟和“五号标兵”荣誉称号。

19 “石油工程第一师”的由来？

1950年2月，中共中央决定调拨中国人民解放军

20个建制师转业参加经济建设。1952年3月25日，燃料工业部西北石油管理局局长康世恩，将《关于调拨一个建制师担任第一个五年计划中发展石油基本建设任务的报告》呈报燃料工业部并转呈朱德总司令。8月1日，中国人民解放军第十九军第五十七师指战员7243人，在驻地陕西汉中北校场隆重集会，聆听由中央人民政府人民革命军事委员会主席毛泽东签署、中央军委颁布的命令："我批准中国人民解放军第十九军第五十七师转为中国人民解放军石油工程第一师的改编计划，将光荣的祖国经济建设任务赋予你们。你们过去曾是久经锻炼的有高度组织性纪律性的战斗队，我相信你们将在生产建设的战线上，成为有熟练技术的建设突击队。你们将以英雄的榜样，为全国人民的、也就是你们自己的未来的生活，在新的战线上奋斗，并取得辉煌的胜利。"①

1952年8月5日，石油工程第一师发布"向文化大进军"命令，"共产党员、青年团员、人民功臣、战斗英雄、工作模范、全体指战员，紧急行动起来，立即进入战斗，为争取文化大翻身而坚决斗争，为争取进军任务迅速彻底地完成而奋斗。"师、团、营分别成立了文化教育办公室，为各基层部队选派文化教员和学

①《当代中国》丛书编辑部．当代中国的石油工业[M]．北京:石油工业出版社，1988,21.

习辅导员。全师指战员拿出在战场上死拼的劲头刻苦学习。军队变为学校，营房成了课堂，广大指战员以高度的觉悟、战斗的姿态向文化进军。在“文化学习立功”活动中，比、学、赶、帮、超，取得显著成效。

中国人民解放军石油工程第一师指战员，奔赴新的战场——石油工业生产建设的战场，去实现祖国人民交给的光荣任务。石油工程第一师的番号于1956年撤销，完全融入石油企事业单位的这支产业大军，先后参加了石油工业一系列大型石油会战，成为石油产业的一支生力军、突击队。石油工程第一师把中国共产党和人民解放军的优良传统及革命精神带进了石油职工队伍，为建设一支具有严格组织纪律性、高度献身精神、艰苦创业的石油产业大军打下了坚实基础。石油工程第一师为中国现代石油工业的发展，作出了历史性重大贡献。

20 新疆石油管理局505、506两个重磁力地质联队为何要横穿“死亡之海”塔克拉玛干沙漠？

塔里木盆地腹部的塔克拉玛干沙漠，是中国最大的沙漠，东西长1000千米、南北宽300—500千米，面积达33.7平方千米，被称为“死亡之海”和地质勘探的“禁区”。沙漠腹地沙丘起伏连绵、黄沙迷漫，气候异常干燥，最高气温达47摄氏度，地表温度高达70摄氏度，而且水源缺乏。为打破这个地质勘探的禁区，新疆石油管理局地质调查处塔里木地质勘探大队组织成立踏勘组，于1957年9月1日进入沙漠地带，历经40余日后抵达和田河西岸，地质踏勘行程约300千米，首次实现穿越“死亡之海”的壮举，为勘探塔里木盆地中央沙漠区奠定了基础。

1958年4月，为勘探塔克拉玛干沙漠的地下构造，新疆石油管理局505、506两个重磁力地质联队和122地质普查队共200多人，抱着“横穿沙漠，探索秘密”“苦战一年，纵横踏破塔克拉玛干”的决心，分东、西、中三路，先后9次穿越塔里木盆地腹部的塔克拉玛干沙漠，进行石油地质和重磁力普查。4月4日，在队长黄豪、薛应选的带领下，地质联队分两个组从策勒、于田出发，进入沙漠地带。他们每天冒着风沙，完成18—20千米的导线测量，超工作定额1—2倍。1959年，这支联队进入盆地东部罗布泊地区展开工作。

地质联队九进九出“死亡之海”，完成了9条剖面的导线测量和重力、磁力调查。通过实地勘察，发现了第三系露头，改变了一些人认为沙漠中没有沉积岩的看法；作出了全盆地的重力异常图，发现13个重力异常地区，证明了地下构造的存在，为研究塔里木盆地的大地构造和地质发展史提供了重要资料。由于505

重磁力地质联队在征服大沙漠、探索地下奥秘中作出了重要贡献，石油工业部于1958年10月授予这支队伍“勇敢的石油工作者”称号。

21 为什么要创办中苏石油股份公司，有什么重要意义？

1949年12月，中国人民解放军进驻新疆独山子油矿。新疆军区司令员兼政委彭德怀向中共中央请示，在新疆创办中苏石油股份公司，以加快新疆矿藏开发，繁荣新疆经济。1950年1月2日，主持中共中央工作的刘少奇向正在苏联访问的中华人民共和国主席毛泽东报告，建议向苏联政府提出在新疆合办石油合资企业，得到毛泽东的重视和支持。3月27日，中苏两国政府签订在中国新疆创办石油股份公司的协议。[①]9月15日，中苏石油股份公司第一次创办人（股东）大会在迪化

① 1950年3月28日，中苏两国政府发表《关于在中国新疆创办石油股份公司和有色及稀有金属股份公司的协定的联合公报》。公报规定，中苏石油股份公司的任务是在新疆寻觅、探测、开采及提炼石油与煤气；公司按“平权合股”原则组成，产品由中苏双方平分，开支及其所得利润同样也由双方平分；公司领导由双方代表以轮换制程序进行，每三年换一次，职员由中苏两国公民平均充任。公报还规定，公司头三年，管理委员会主任由中国代表选出、副主任由苏联代表选出，总经理由苏联公民担任、副总经理由中国公民担任；在一切场合下，均遵守按期轮换职务的原则。

（乌鲁木齐）召开；9月29日，通过《中苏石油股份公司章程》，公司股本为9200股，中苏双方各占50%。10月，中苏石油股份公司宣告成立，正式接管由三区革命政府经营的独山子油矿。

中苏石油股份公司成立后，恢复和发展独山子油矿的生产。当时，独山子油矿只有2口油井，日产原油2—3吨，苏联派来大批技术人员直接参与勘探开发；到1952年底，共在独山子油田投产新井12口。1952年，全矿生产原油5.2万吨，是1949年前累计产量的4倍。到1954年，中苏石油股份公司共生产原油17.46万吨。纵观中苏石油股份公司合作的四年，独山子油矿的原油生产能力有了很大提高，还在准噶尔盆地钻探并积累了一些地质资料和经验，培养了一批掌握比较先进地球物理勘探的技术人员，拥有勘探、开发等整套装备设施，为此后准噶尔盆地石油勘探开发准备了一些基本条件。

1954年10月12日，中苏两国政府发表联合公报，宣布自1955年1月1日起，包括中苏石油股份公司在内的各中苏股份公司的苏联股份移交给中华人民共和国。中苏两国政府按“平权合股”原则，在新疆创办中苏石油股份公司，是新中国第一批中外合资企业之一，在中国现代石油工业发展史上具有重要意义和深远影响。

22 新中国石油勘探的第一次重要突破——勘探发现和探明克拉玛依大油田，是怎样实现的？

准噶尔盆地西北缘地下有一条巨大的断裂，由克拉玛依南部延伸到乌尔禾以北，地质上称为“克—乌大断裂”。1954年，由苏联专家勒·依·乌瓦洛夫与中国地质工作者等10人组成的地质调查队在克拉玛依—乌尔禾地区进行地质普查，认为这一地区含油远景很好，建议进行地球物理勘探和深井钻探。1955年1月，新疆石油公司拟定黑油山地区深井钻探总体设计；在燃料工业部石油管理总局召开的第六次全国石油勘探会议上，对黑油山地区的钻探方案进行了讨论，决定钻探两口深探井，以探明侏罗系含油气情况及准噶尔盆地西北缘的地质构造。6月14日，独山子矿务局钻井处组建由8个民族组成的1219青年钻井队；全队36名职工抱定“安下心、扎下根，不出油、不死心”的决心，挺进黑油山地区。7月6日，开钻黑油山第一口探井——1号井；10月29日，于井深620米处完井试油喷出油气流，用10毫米油嘴测试8.5小时产油6.95吨。黑油山1号井出油后，在新疆石油公司工作的一些苏联地质专家对克拉玛依地区是否大面积含油、是否能找到有开采价值的油田，曾有不同的看法。在黑油山2号井、4号井相继出油后，要不要进行大规模勘探，仍然存在两种根本对立的认识。

1955年12月，新疆石油公司召开了黑油山总体规划讨论会，并编制了克拉玛依地区钻探总体规划。1956年1月24日—2月4日，石油工业部召开第一次全国石油勘探会议，部署“加紧黑油山的钻井工作和试油工作，争取上半年查明黑油山构造的工业价值”。正在苏联考察的石油工业部部长助理康世恩向会议提交书面建议，提出“应集中力量在大的盆地内和地台上展开区域勘探”，这个建议为会议所接受；石油工业部决定将准噶尔盆地的勘探重点从南部天山山前带转向盆地的西北斜坡，在克拉玛依—乌尔禾约3000平方千米的地区，部署地震、电法及钻井大剖面勘探。这是中国油气勘探第一次跳出局部构造的框框，运用多种勘探手段进行系统的区域资源勘探。

1956年2月16日，毛泽东听取石油工业部李聚奎、康世恩的汇报。当听到玉门、新疆都是戈壁滩，野外勘探开发工作十分辛苦时，毛泽东说：“看来，发展石油工业，还得革命加拼命。”[①]3月6日，国务院副总理陈云召集地质部、石油工业部的有关负责人，研究讨论加速石油勘探问题，指出要扩大石油勘探力量，在两

① 王仰之.中国石油编年史[M].北京:石油工业出版社,1996,84.

三年内查明一两个产油区域。[①]石油工业部根据毛泽东等党和国家领导人的指示精神，总结准噶尔盆地石油勘探的经验教训，认为独山子到黑油山之间的广大地区是一个有希望的油气聚集带，应集中力量大力勘探。4月，康世恩率领工作组和苏联专家组组长安德烈柯，到克拉玛依—乌尔禾地带进行实地考察，充分听取关于克拉玛依含油远景和勘探部署的不同意见，决定采取“撒大网，捕大鱼”的做法，在克拉玛依到乌尔禾长160千米、宽30千米的广大范围内，部署10条东西向大剖面，配合地震勘探，整体解剖，扩大油田面积。这一部署的实施获得成功，不断有新探井喷出工业油流，证实克拉玛依地区确有不受背斜控制的地层超覆圈闭油藏存在。

把区域勘探与油田详探结合起来，进行大规模的钻探，很快拿到相当的石油地质储量。1956年5月11日，新华社向国内外发布消息：准噶尔盆地克拉玛依地区，已经证实是一个很有希望的大油田。主持全国经济工作的陈云多次听取克拉玛依油区工作汇报，指示加速勘探，安排支援克拉玛依油区的工作。9月5日，《人民日报》发表社论，全国掀起支援克拉玛依油田开发建设的热潮。国务院组织13个部门支援克

①《当代中国》丛书编辑部．当代中国的石油工业[M]．北京:石油工业出版社，1988,424.

拉玛依油田，并从苏联、民主德国、罗马尼亚、捷克斯洛伐克等国为克拉玛依油田进口了部分设备和配件；全国35个城市的有关企业，为克拉玛依油田加工制造各种设备和器材。新疆石油管理局从独山子油矿抽调1000多名职工到克拉玛依工作。玉门、延长、四川等地的钻井队以及其他专业队，中国人民解放军转业军人，大中专毕业生和上海、四川、湖南、湖北等地的知识青年，满怀开发大西北、建设大西北的热情，一批批来到克拉玛依，投入油田勘探开发和建设之中。

1956年9月，在中国共产党第八次全国代表大会上，石油工业部部长李聚奎在发言中说，克拉玛依油田的可采储量在1亿吨以上，已经具备了开发建设大油田的资源条件。克拉玛依油田的勘探发现轰动了华夏大地，得到党和国家领导人极大关怀和重视。毛泽东手捧散发着油墨清香的《人民日报》，要通了李聚奎的电话，兴奋地对他说“聚奎啊，我向你表示祝贺！”① 自此，毛泽东装满线装书籍的书橱中，摆进一块由地质部部长李四光赠送给他的克拉玛依油田的岩心。

克拉玛依油田的勘探发现，是新中国成立后的第一次重要的勘探发现，也是在国家用油最紧缺、最需

①《石油精神——文献石油70年》编写组．石油精神——文献石油70年[M].北京:石油工业出版社,2020,63.

要的时候找到的大油田。它的发现迎来了新中国石油工业的曙光。经过甩开勘探、详探，到1956年底已有21口探井投入试采，当年生产原油1.64万吨。勘探发现和初步探明克拉玛依油田，证实了经过大量的地质调查勘探和长期的摸索，经过综合研究作出的将勘探重点由盆地南缘向西北缘转移的战略决策是科学的，是找油方向认识上的一次飞跃，首次实现由山前走向地台取得钻探成功。由于这一勘探指导思想的重大转变，打开了西部勘探的新局面。

为迅速探明克拉玛依油田含油面积和石油地质储量，新疆石油管理局从1956年起，在克拉玛依及其外围地区进行了大规模的石油勘探。先后发现红山嘴、白碱滩及乌尔禾3个含油有利区，在百口泉钻获工业油流，共落实石油地质储量达2亿吨。1958年9月，白碱滩193井喷油，日产原油138吨。经过两年钻探证明，白碱滩是一个高产含油区块，并与克拉玛依油田连片。到1959年，探明克拉玛依油田的含油面积200平方千米。勘探发现克拉玛依油田，证实了在盆地斜坡上也能找到大油田，油气聚集的场所并不取决于是否是背斜构造，而取决于是否有适当的聚集油气的圈闭，从而开阔了人们找油的视野。在勘探部署上，初步建立了从区域入手找油的指导思想。这确实是一个很大的进步，为以后在其他地区的勘探提供了经验。

23 “不出油、不死心”的“克拉玛依精神”是怎样培育形成的?

在新疆克拉玛依地区石油勘探开发中，由8个民族组成的1219青年钻井队全体职工，抱定“安下心、扎下根，不出油、不死心”的决心，战胜了高温、大风、缺水、井喷等重重困难，打出了克拉玛依油田第一口出油井——克1井（1号井），由此积淀和培育形成“不出油、不死心”的“黑油山精神”，继而发展形成了“克拉玛依精神”，其内涵包括为油献身的奉献精神、为国戍边的报国精神，以及包括中华传统文化在内的西域多民族团结文化。

诗人艾青在《克拉玛依》诗中深情地写道：

最荒凉的地方却有最大的能量
最深的地层喷涌最宝贵的溶液
最沉默的战士有最坚强的心
可爱的克拉玛依是沙漠的美人

著名音乐家吕远抑制不住内心的激动，于1957年10月创作了《克拉玛依之歌》，随即风靡全国。

1958年9月，朱德视察独山子矿区和克拉玛依油田。9月11日，朱德在出席克拉玛依矿区先进生产者大会上讲话，指出：“你们在荒凉的戈壁滩上，建立起了一座四万人口的石油城市，这是一个很大的成绩，也是一个动人的神话。”9月12日，在克拉玛依矿务局党委扩大会议上，朱德语重心长地说：“藏在地下的石油要赶快钻探出来，并且迅速地运到全国去。因为没有石油，飞机就飞不起来，汽车和拖拉机就开不动，就要影响工农业生产的迅速发展。所以，你们这里要赶快打井，多多生产石油”。[①]从1959年起，新疆地区的原油运往内地。

克拉玛依石油人肩负“为油而战”的神圣职责，牢记“不出油、不死心”的使命，在新中国成立后勘探发现并建成第一个大油田。1958年，克拉玛依油田全面投入开发，当年生产原油33.38万吨；1960年，原油产量达163.67万吨，占全国原油产量的39%，成为当时全国最大的石油工业生产基地，有力地支援了国家的经济建设。

24 柴达木盆地这个“生命禁区”是怎样被打破的？

柴达木盆地位于青海省西北部，被昆仑山、祁连

①《石油精神——文献石油70年》编写组．石油精神——文献石油70年[M]．北京：石油工业出版社，2020，65．

山和阿尔金山环保，海拔在2600—3200米之间，是典型的高原盆地，因而被称为“生命禁区”。柴达木在蒙古语中是盐泽的意思，地下蕴藏的除盐以外，还有丰富的石油、铅、锌等矿产资源，素有“聚宝盆”之称。

1954年3月，燃料工业部石油管理总局在召开第五次全国石油勘探会议上，决定派遣石油地质队伍进入柴达木盆地进行地质调查。会后，成立由484人组成的年轻精干的柴达木石油地质大队。从4月起，石油地质大队的地质、重磁力、测量、钻井等9个专业队，在大队长郝清江和地质师张维亚等带领下，由中国人民解放军的一个骑兵连护送，从西安出发，途经兰州、玉门、敦煌、阿克塞，沿若羌古道，过拉配泉、穿索尔库里；经过10多天的长途跋涉、风餐露宿，终于从金鸿山口翻越阿尔金山到达柴达木盆地西部的红柳泉地区。在这里，最大的困难是缺水，每天的生活用水全靠几匹骆驼每五六天送一次；正常情况下，每人每天只发一茶缸水。在野外踏勘时，随身带的水喝完后，就用骆驼和自己的尿液维持干渴的生命。没有新鲜蔬菜，每顿饭都是黄花、木耳和粉条。最难熬的是夏天的中午和冬天的晚上，夏天中午，烈日把帐篷烤得像蒸笼，几个人挤在一顶三角帐篷里休息，里面闷得让人透气都困难；冬夜里帐篷难挡寒气，早晨起床后被头和帽檐上全是呼吸结的霜，遇到刮风下雪天只能是几个人挤在一起半卧半靠到天亮。有时，晚上刮起八九级大风裹着沙土翻滚，把帐篷掀起刮得老远，待把帐篷和衣物找回时天也快亮了。地质大队的职工，在柴达木盆地一直工作到零下30多摄氏度的冬季才收工。在长达6个月的施工期内，初步查明盆地西部第三系含油层系分布状况，找到了钻探的有利构造，为以后勘探开发柴达木盆地提供了可靠依据。

1955年，石油管理总局从陕北延长、甘肃玉门、新疆吐鲁番和广东茂名等地抽调职工，扩大柴达木的地质勘探队伍，并成立了青海石油勘探局。地质部调派柴达木石油普查大队、中国科学院组成柴达木石油研究队进入盆地，与青海石油勘探局的地质勘探人员一起协同展开工作，先后发现了90多个可能的储油构造。12月12日，在油泉子构造上部署钻探的第一口探井——油（泉）1井，钻至井深650米时遇到油层，获得工业油流，相继探明油泉子是一个浅层油田。到1958年，在柴达木盆地陆续发现油砂山、开特米里克、花土沟等油田和马海气田。

地质部632地质队一分队，在柴达木盆地北缘发现冷湖1—7号构造组成的构造带。1957年，部署钻探冷湖4号构造，钻遇浅油层，喷出油流。1958年9月，石油工业部青海石油勘探局钻井队钻探冷湖5号构造的地中4井，钻至井深650米处发生强烈井喷，日喷油达800吨左右。1959年3月和5月，余秋里、康世恩先后来到冷湖探区，调整勘探部署，集中力量加速冷湖地区的石油勘探。在半年时间内，相继探明冷湖5号、冷湖4号油田，并在冷湖3号构造上发现工业油流。1959年，青海油田原油年产量达30.7万吨，成为当时全国四大油田之一。青海冷湖油田所产原油就地加工，全部供给青海省和西藏自治区，有力地支援了地区经济的发展和国防建设。

25 20世纪50年代，石油工业部石油勘探重点为什么开始战略东移？

20世纪50年代，地质学家从不同角度研究中国的地质结构特征和油气关系，指出含油气盆地的分布规律和勘探方向，为新中国石油工业的发展作出了重要贡献。1954年3月1日，地质部部长李四光在石油管理总局作题为《从大地构造看我国石油资源勘探的远景》报告，系统地论述了中国油气资源前景，提出应进行华北地区与松辽平原的“摸底”工作。1955年1月，黄汲清、谢家荣、邱振馨编制完成《中国含油远景分区图》，它是新中国第一张系统的、全面的油气远景预测图；全国含油远景地区约占125万平方千米，松辽盆地是划入的11个含油远景区之一。1956年1月，地质部召开第二次石油普查工作会议，会议听取了松辽踏勘组的报告，决定组成松辽石油普查大队和112物探队，开展全盆地的石油普查工作。1月24日—2月4日，在石油工业部、地质部、中国科学院联合召开的第一届全国石油勘探会议上，明确提出及早着手进行松辽平原等地区的地质普查工作。1957年，石油工业部组织成立松辽平原专题研究队，并派出116地质队，对松辽盆地进行油气资源调查和综合研究。经过几年的勘探工作，对松辽盆地的地质普查取得重要进展，确认盆地沉积岩面积为26万平方千米，初步勾画出盆地内构造格局；初步建立起盆地地层顺序，确定沉积岩最大厚度为4000—5000米，发现了可能的生油层，发现了大同镇隆起显示。

1958年2月27日—28日，分管石油工业的国务院副总理邓小平听取石油工业部部长余秋里等人的汇报。邓小平一面仔细听取汇报，一面不时地做些记录，并切中要害地作出重要指示：石油勘探工作应从战略方面来考虑问题。总体来说，第一个问题是选择突击方向，不要十个指头一样平，要排个先后次序。对松辽、华北、华东、四川、鄂尔多斯五个地区，要好好花一番精力，研究考虑一番。“在第二个五年计划期间，东北地区能够找出油来就很好。”① 邓小平的指示，从战略高度深刻地阐明了发展中国石油工业的道路，作出石

①《当代中国》丛书编辑部.当代中国的石油工业[M].北京:石油工业出版社,1988,25-26.

油勘探重点战略东移的重大决策。从此，石油勘探的重点开始向东部战略转移。

根据邓小平的指示精神，石油工业部党组立即召开党组扩大会议，确定在全国建立10个石油勘探战略区，其中开辟松辽、苏北、山东等5个新区，把松辽、苏北列为战略侦察重点，特别是将松辽盆地作为石油勘探战略东移的主战场之一。1958年4月—5月，地质部松辽石油普查大队501钻井队，在吉林省前郭尔罗斯蒙古族自治县和怀德县先后钻遇含油砂层，证明松辽盆地曾发生过油气生成、运移和聚集的过程。石油工业部完钻的松基1井、松基2井，均钻遇厚度达500—800米的优质生油层，并发现了多套有可能储油的地层，进一步证实中央坳陷区是盆地内有利的含油远景区。通过地震勘探，初步证实大同镇隆起是一个大型构造带，而构造带上的高台子构造显示明确、可靠，此外又处于中央坳陷区的中心部位，具有更好的含油远景。石油工业部加强对松辽盆地的石油勘探，在松辽石油勘探大队的基础上，于5月成立东北石油勘探处，6月成立松辽石油勘探局，并先后组建成立了地质详查队、钻井队、测井队等各类勘探队32支。

根据对松辽盆地构造格局的初步认识，地质部和石油工业部将勘探重点逐步转向沉积岩厚度最大的中央坳陷区，对大同镇隆起构造进行了详查。1958年7月，石油工业部决定将高台子构造作为勘探找油的“突破口”，部署第三口基准井——松基3井。为确定松基3井的井位，松辽石油勘探局和地质部普查大队、物探大队共同分析研究，对比利弊，一致同意将松基3井井位定在大同镇高台子隆起上。9月15日，根据商定的共同意见，松辽石油勘探局向石油工业部呈报松基3井井位设计方案。年底，石油工业部和地质部共同组织编制了1959年松辽盆地勘探部署安排。1959年2月8日—10日，石油工业部党组会议听取松辽石油勘探局的汇报，审查了松辽盆地勘探部署安排。2月11日，地质部、石油工业部召开两部领导协作会议，一致通过松辽盆地石油勘探总体设计。按照协作分工安排，两个部的勘探队伍互相配合，采用多种勘探方法解剖盆地地质结构。1959年9月26日，部署在大同镇的松基3井获得工业油流，从而发现了高台子油田。这一成果，标志着大庆油田的发现，揭开了大庆石油会战的序幕。

石油勘探战略东移获重大发现，为大规模开展东部地区的石油勘探与开发创造了重要的前提条件。

26 松辽盆地第三口基准井——松基3井，为什么未按设计井深完井？

1959年4月11日，由松辽石油勘探局32118钻井队承钻的松基3井开钻。松基3井设计井深3200米，当钻至井深1050米处时开始取心，取出的油砂含油饱满。得知这一情况而赶赴哈尔滨的康世恩，依据录取的电测和井壁取心资料，在向余秋里作出说明并获得支持后，为争取时间，提前发现工业油流，决定于井深1461.76米处完钻转入试油。在场的苏联专家米尔钦科当即反对说："松基3井是基准井，任务是取全地下资料，按勘探程序规定应钻完设计井深，不能更改！"康世恩解释说："现在我们最大困难是国家缺油，争取时间尽快发现油田，是石油勘探的根本任务。至于录取深部地层资料的任务，可以重新安排一口井来承担。"根据这一决定，松基3井尚未完成的设计任务，则由附近已开钻的葡1井完成。8月29日，松基3井停钻下套管完井。9月6日，对松基3井进行射孔试油。9月7日，下油管、打清水，替换出井筒中的泥浆。为保证试油质量，石油工业部派工作组到现场指导工作，开始提捞井筒中的水，以降低井筒水柱对油层的压力，直到井筒内液面降低到离井底300米时才发现了油花。康世恩得知后立即电报指示："这口井的油层被泥浆浸泡时间较长，只有将浸入油层内的泥浆滤液全部返排出来，才能保证油流畅通无阻"；必须把提捞筒下到油水界面以下，"只准捞水，不准捞油，一定要捞个水落油出。"就这样，经过20天的不懈努力，9月26日松基3井喷出工业油流，经过正式求产，日产油9—12吨。

后用不同油嘴、不同工作制度进行试采，证实松基3井产油稳定、可靠，能够较长期保持稳产。

松辽盆地第三口基准井——松基3井，获得工业油流，从而发现高台子油田。松基3井提前完井试油，实现了早日发现大油田的愿望和目的。

27 为什么说“松基3井”在中国石油工业史上具有里程碑意义?

1959年9月26日，松辽盆地第三口基准井——松基3井喜获工业油流，这是石油勘探战略东移后，在松辽平原上勘探发现的第一口出油井。这一成果，标志着大庆油田的发现，揭开了大庆石油会战的序幕，由此实现了中国石油工业历史性的重大转折。

1959年10月8日，中共黑龙江省委书记欧阳钦在肇州县大同镇召开的大会上，提出将“大同”更名为“大庆”，以这里出油庆祝中华人民共和国成立10周年，提议把这个新发现的油田定名为“大庆油田”。此后，在大庆长垣及长垣之外发现的所有油田，统称为大庆油田。

松基3井为开展大庆石油会战提供了基础条件，在石油工业发展史上具有里程碑意义。

28 为何要举全国之力开展大庆石油会战?

1959年，国家在经济战线恢复“实事求是”优良传统，石油工业面临较好的发展形势。大庆石油会战前，石油工业经过10年的艰苦奋斗，特别是石油勘探战略东移打开了新局面。1959年底，全国石油储量比“一五”时期末增长77%；全国原油年产量达373.3万吨，比“一五”时期末增长1倍多。但整个石油工业的落后面貌还没有发生根本改变，原油产量和产品远远不能满足国民经济建设的需要。全国石油产品销量504.9万吨，其中自产的仅205万吨，自给率为40.6%。为解决国内需要，不得不耗用大量外汇进口原油和成品油。因为油品紧缺，许多公共汽车背上了大气包，部队执勤训练也因缺油而受到影响。石油生产和消费布局也很不协调，作为工业基础的天然石油资源，偏居西北一隅；约占98%的石油产量和62%的原油加工能力在陕西、甘肃、青海、新疆四省（自治区），而90%以上的消费量却在东部经济较发达地区。石油工业的主要矛盾从整体上说是缺少足够的后备储量资源，原油生产的增长受到制约。要想摆脱这种被动局面，适应国民经济建设的需要，必须在石油勘探上取得重大突破，寻找和拿下大油田。大庆石油会战，就是在这样的时期、这样的形势下决定开展的。

1959年11月，石油工业部召开全国石油局、厂领导干部会议，总结石油工业发展中的经验，分析所面临的严峻形势，统一思想认识，确定了1960年的工作部署。余秋里在会议总结报告中提出："在国家把较大的物力、财力优先投入主要方面的情况下，要把石油搞上去，就要在石油工业内部保证重点。如果工作没有重点，就没有全局性的关键所在。只有在重要方面取得了决定性的成就，即便在其他方面发生了一定困难，就全局来讲，仍然是取得了决定性胜利。"[①]这次会议，是石油工业历史上一次非常重要的会议，明确了发展石油工业的指导思想，确定了"集中力量，保证重点"是发展石油工业的指导方针，这为大庆石油会战做了思想准备。

大庆石油会战前，大庆长垣构造的勘探大局基本已定。到1960年初，已查明大庆地区是一个面积达2000多平方千米的有利于含油的二级构造带——大庆长垣，并在其南部基本探明200平方千米的含油面积；根据地质资料分析，长垣北部构造可能是油层更厚、产量更高的地区。石油工业部认真研究了大庆长垣的勘探形势，认为大庆长垣是解决石油资源问题的有利

①《当代中国》丛书编辑部．当代中国的石油工业[M]．北京:石油工业出版社，1988,32.

突破口，如果能在这里取得胜利就能使石油工业的形势发生重大变化。

1960年2月13日，石油工业部党组向中共中央报送《关于东北松辽地区石油勘探情况和今后工作部署问题的报告》。报告提出："大庆地区的石油勘探工作，虽然经过了很大的努力，取得了很大的效果，但总体来讲还是一个开始，要想把油田全部探明，并投入开采，还需要做更大的更艰巨的工作。根据这个地区的情况，我们认为应该下一个决心，用最大的干劲，用最高的速度，迅速探明更大的油田面积和更多的新油田。""我们打算集中石油系统一切可以集中的力量，用打歼灭战的办法，来一场声势浩大的大会战。"1960年2月20日，中共中央批准在松辽盆地组织会战，强调指出："积极地、加快地进行松辽地区的石油勘探和开发工作，对于迅速改变我国石油工业的落后状况，有着重大的作用。"

国务院把大庆油田的勘探开发作为国家重点建设项目，对有关事项及时作出部署，给予了有力的支持。1960年3月9日，国务院召开有关部门、东北协作区有关人员参加的支援松辽会战会议，部署支援松辽会战的工作。国务院各部委中，除地质部抽调队伍积极参加会战外，农垦、机械、冶金、建工、电力、铁道、林业、商业等部门，也纷纷大力支持大庆石油会战。会战初期，全国有500多家工厂为大庆生产机电产品和设备，有200多个科研、设计单位和企业在技术上支援大庆石油会战。经毛泽东批准的3万名转业、退伍官兵参加了大会战。全国石油系统37个厂矿、院校，由其主要领导干部带队，组织精兵强将，自带设备到大庆参加会战。石油工业部部长余秋里、副部长李人俊、周文龙、孙敬文、康世恩等领导到现场组织指挥会战。1960年4月29日，在萨尔图召开了石油大会战誓师大会。这场大会战，在黑龙江省委、省政府的全力支持和全国各方支援下全面展开。

大庆石油会战，得到中共中央、国务院领导的高度重视和亲切关怀，周恩来、刘少奇、邓小平等多次视察油田并作出重要指示，是会战能够取得胜利的重要因素。大庆石油会战，是由国务院和石油工业部直接组织的举全国之力开展的一场成功的大会战。事实证明，中国人民完全可以依靠自己的力量高速度、高水平地勘探大油田、开发建设大油田。到1963年，累计打井1178口，建成年产600万吨原油的生产能力，当年生产原油439.3万吨，占全国原油产量的67.8%，取得了对石油工业发展具有深远意义的成就。1963年12月，周恩来在第二届全国人民代表大会第四次会议上庄严宣告中国石油基本实现自给。①

①《当代中国》丛书编辑部.当代中国的石油工业[M].北京:石油工业出版社,1988,42.

29 在整个大庆长垣甩开勘探中，“三钻定乾坤”是怎样实现的？

在松辽盆地发现高台子油田，能不能以此为突破口，展开集中勘探，对于这样一个关系重大的问题，石油工业部采取了积极、慎重的方针。1959年10月，根据取得的最新勘探成果，石油工业部组织强有力的技术力量，研究部署了56口探井，在整个大庆长垣甩开勘探。1959年12月，为加快勘探步伐，余秋里提出要把探井分为三类统筹安排，即被称为“三点合一”的勘探方针，并确定在大庆长垣北部杏树岗、萨尔图、喇嘛甸三个构造上各钻1口探井。1960年1月，安排三类探井：第一类探井不取心，快速钻进，以迅速控制油田面积；第二类探井在油层部位全面取心，以掌握计算储量所需的参数；第三类探井为探边井，分层详细试油，找出油、水界面和含油边界；在每个构造上选一口出油探井，进行长期试采，以了解生产稳定情况。

部署在萨尔图构造中央部位的第一口探井——萨66井，于1960年3月11日完钻喷油，日产油50吨左右。根据这一新情况，会战领导小组当机立断，决定把石油会战的重点，由大庆长垣南部转移到北部的萨尔图地区。部署在杏树岗构造上的第一口探井——杏

66井，于1960年4月9日完钻喷油，日产油27吨；位于大庆长垣最北部喇嘛甸构造上的第一口探井——喇72井，亦于4月25日完钻喷油，用5毫米油嘴试油，日产油48吨。大庆长垣的含油面积进一步向北延伸，从南起敖包塔、北到喇嘛甸的800余平方千米范围内，都发现了工业油流，显示出大油田的轮廓。萨66井、杏66井、喇72井三口探井相继喷油，大庆长垣构造的勘探大局基本已定，因此被誉为“三钻定乾坤”。

大庆石油会战领导小组及时调整部署，将勘探重点从大庆长垣南部转移到北部地区的决策，实践证明是完全正确的。到1960年4月底，大庆长垣从南至北的七个构造都获得工业油流，展现出了大油田的面貌。从高台子松基3井喷油，到大庆长垣的七个构造都出油，仅用了7个月的时间，就确定了大庆长垣是一个大油田，这在世界石油工业史上是前所未有的，也是中国人“立足于世界民族之林”的一次伟大创举。

30 大庆石油会战是如何靠“两论”起家的?

1959年12月，余秋里向周恩来汇报关于准备开展石油大会战的构想时，周恩来预见会战将会遇到种种风浪、重重困难，是一场大仗、硬仗。周恩来指出，要用毛泽东思想指导大会战，用辩证唯物主义的立场、观点、方法，分析解决会战中可能遇到的各种问题。[①]

大庆石油会战是在困难的时候、困难的地区、困难的条件下进行的。会战开始时，有人认为全国都在压缩，担心仅靠有限的人力、物力，能不能把这场会战打下来？面对艰苦环境、各种困难和非常规措施办法，有人认为这不像个正规搞工业的样子，是“农村作风”“游击习气”。对此，战区各级党组织，坚持思想领先，开展深入细致的思想工作；学习和发扬解放军政治思想工作的优良传统，坚持政治工作“从搞好生产出发，从大多数群众出发，从积极方面出发，为生产服务”的方针，把生动活泼的政治思想工作贯穿于生产的全过程，发挥了巨大的思想威力。在日常生产和生活中，“一把钥匙开一把锁”，在相互理解的基础上，做好一人一事的思想工作；充分发挥政治、生产技术和经济民主，调动广大职工的积极性；在会战过程中，适时地开展总结评比，使群众中各方面的积极因素都能得到发扬；树立表彰了王进喜等五面红旗标兵，宣扬“铁人”精神。通过表彰先进、树立榜样，大大激励了会战职工奋发向上的革命精神。

① 康世恩．大庆油田浸透了周恩来的心血[J]．人民日报(第五版),1990-3-5.

会战中，最重要的问题还在于对发现这样一个特大型油田，缺乏勘探开发的实践经验。国外经验虽可借鉴，但不能拿来照抄照搬。在当时的国际环境下，已不可能得到物资和技术上的国外援助，只能立足于自己力量的基点上，独立自主地勘探、开发、建设这个特大型油田。重重矛盾和困难，摆在了会战队伍面前。在这种情况下，石油工业部、会战领导小组成员认真学习《实践论》《矛盾论》，用马列主义、毛泽东思想指导会战的全部工作。通过认真总结以往在玉门、新疆、青海和四川油田勘探开发中的经验教训，认识到“两论”中所提到的立场、观点、方法，不仅是组织开展石油会战的实际需要，也是对职工队伍长远建设的根本任务。1960年4月9日，在召开的首次油田开发技术座谈会上，余秋里根据会议准备和油田开发技术存在的一些问题，组织大家学习《实践论》《矛盾论》，要求大家运用“两论”的立场、观点和方法，解决石油会战中的各种问题。大家边学习、边讨论，得出了“石油工作者的岗位在地下”“石油工作者的斗争对象是地层”的结论，并制定了油田开发的调查纲要，也就是后来会战职工人人皆知的油田勘探开发必须取全取准的20项资料72项数据的纪律法规。

1960年4月13日，经石油工业部党组讨论决定，部机关党委作出《党委关于学习毛泽东同志所著〈实践论〉和〈矛盾论〉的决定》，全文刊载在《战报》（第1号）创刊号上。《决定》指出：“我们正面临着会战——大规模的生产实践。在会战中，把别人的经验都学到手，但又不迷信别人的经验，不迷信书本，我们要勇于实践，发扬敢想、敢说、敢干的风格，创出自己的经验。同时，我们在实践中要不迷失方向，就要掌握马克思列宁主义的理论武器，把实践上升到理论，包括正确认识油田规律，使我们的实践具有更大的自觉性。”“掌握武器，勇于实践，认识油田规律，这是我们学习的目的。我们号召参加大会战的职工，立即掀起一个学习毛泽东著作的高潮，为开展技术革命、生产革命，做好思想革命。”

关于学习“两论”的决定在战报上刊登之后，战区各级党组织，组织广大党员、团员和干部、群众立即掀起了学习“两论”的热潮。学习中，大家边学边议，摆当时的重重困难和矛盾，研究克服困难、解决矛盾的办法和措施，一致认识到：眼前的各种困难和矛盾都是暂时的、局部的，而国家缺油才是全局性的困难，国家需要石油才是主要矛盾。为了国家和人民的利益，只能迎着困难上，“宁肯少活二十年，拼命也要拿下大油田。”

为了把全战区学习“两论”的热潮引向深入，清除人们头脑中旧的条条框框，提高广大职工认识问题、分析问题、掌握技术、了解油田生产规律的能力，提高广大干部的领导水平和管理才能，余秋里在各种会议上反复强调："'两论'是大会战的灵魂，毛泽东思想是我们全部工作的指针。"通过学习"两论"，在科学技术遇到难题时，人们遵照毛泽东的教导，知难而进，破除迷信，解放思想，勇于实践，大胆创造，敢于和国际先进水平比高低。大庆会战中许多科学成果就是运用"两论"的立场、观点和方法搞出来的。根据"抓住主要矛盾，同时又不放过非主要矛盾"的观点，把主要精力、主要的队伍放在油田勘探上，很快打出了93口探井，取得了各项资料，圈定了油田面积，概算了石油地质储量，基本搞清了油田地下情况。与此同时，打出了200多口生产井，进行了开发试验，为第二年的油田开发打下了基础。后来，在进一步发展勘探成果的同时，又集中力量进行了油田开发生产试验，做了大量的油田地质科学研究工作。

在大庆油田生产试验中，会战工委根据"两论"的立场、观点和方法，坚持实践第一，立足于系统，进行周密的调查研究，始终重视取全取准第一手资料。会战初期，通过对1万米岩心、2万多条曲线、4万多个压力数据进行了几十万次的分析、上百万次的化验、上千万次的地层对比，把油田的地下情况搞得比较清楚，使油田生产建设有了科学依据，立足于不败之地。

在“两论”的指导下，大会战高速度、高水平地拿下了大油田，甩掉了石油落后的帽子。同时，还培养、锻炼出一批思想觉悟高、技术本领过硬、不怕吃苦、能打硬仗的铁人式的队伍。通过深入持久地学习“两论”，使参加会战的干部、群众都普遍地受到了马列主义、毛泽东思想的教育，不同程度地掌握了辩证法的原理，思想上得到了很大的解放。

大庆石油会战的实践证明，“两论”是大庆会战的灵魂。1964年12月，周恩来在第三届全国人民代表大会第一次会议上所作的《政府工作报告》中肯定了大庆经验，并指出：“这个油田的建设，是学习毛泽东思想的典范。用他们自己的话说，是‘两论起家’，就是通过大学《实践论》和《矛盾论》，用辩证唯物主义的观点，去分析、研究、解决建设中的一系列问题。”“这个油田的建设，也是大学解放军，具体运用解放军的政治工作经验的典范。”“这个油田的建设，自始至终地坚持了集中领导同群众运动相结合的原则，坚持了高度革命精神同严谨科学态度相结合的原则，坚持了技术革命和勤俭建国的原则，全面体现了社会主义建设总路线的多、快、好、省的要求”。①

① 康世恩．大庆油田浸透了周恩来的心血[J]．人民日报(第五版),1990-3-5．

31 大庆石油会战中，“三个面向”与“五到现场”工作作风是怎样形成的？

1960年，大庆石油会战一开始，石油工业部党组成员和部机关一半以上的干部，就到会战前线办公，余秋里、康世恩就住在现场的一座牛棚里。一些重要决策，都是领导亲自调查研究，取得第一手材料后就地作出的；每场重要战役都是领导直接部署和指挥的，从而保证能够及时作出符合实际的决策。由于各方面协调配合，才使会战能够顺利进行。

大庆石油会战中，为了在重点工程上打好歼灭战，会战指挥部组成前线指挥所，实行“五个集中”和“五到现场”：领导干部、技术骨干、施工队伍、器材设备和运输车辆集中；领导及调度人员、设计及工程技术人员、器材供应人员、政治工作人员和生活服务人员到现场服务。在施工中，对主体大型工程，采用多工种联合施工，紧密配合，确保一举歼灭；工程竣工后，会战指挥部及时组织施工、设计、生产单位共同检查、验收，确保投产“一次成功”。

大庆石油会战中，会战工委强调一切为了早日拿下大油田。领导干部“亲临生产第一线指挥”，带动了整个机关和油田各级干部深入生产第一线，形成了一切为了前线胜利，一切围绕基层服务，密切联系群众，及时解决问题的好作风。由此，形成了面向生产、面向基层、面向群众“三个面向”工作指导思想，形成了生产指挥到现场、政治工作到现场、材料供应到现场、科研设计到现场、生活服务到现场“五到现场”优良作风，这对取得会战的全面胜利发挥了重要作用。大庆石油会战基本结束后，大庆油田在机关工作中，确立了以调度为中心，集中指挥生产，并在全油田坚持和发扬了“三个面向”“五到现场”的优良作风。

大庆石油会战中，坚持和发扬“三个面向”“五到现场”的工作作风，对克服主观主义、官僚主义和命令主义，密切干群关系、调动各方面的积极因素、提高工作效率、促进发展生产，发挥了积极作用。

32 全国劳动模范王进喜为什么被称为“铁人”，什么是“铁人精神”？

随着大庆石油会战的全面展开，整个战区到处都是一片如火如荼、奋发大干的场面。广大会战职工在极其困难的情况下，奋发图强、艰苦创业，涌现出了许多模范先进人物，其中最突出的代表是“铁人”王进喜。

王进喜（1923—1970年）出生于甘肃省玉门县

（今为甘肃省玉门市）赤金村一个贫苦农民家庭，在玉门油矿当过童工、钻工、司钻。1956年4月，王进喜加入中国共产党，担任钻井队长。在开发建设玉门白杨河油田时，王进喜率领的贝乌5钻井队创出将钻机“整体搬家”的经验。1958年7月，在全国石油工业现场会上，王进喜提出“月上千（米），年上万（钻井进尺），玉门关上立标杆”的奋斗目标。9月，王进喜带领1262钻井队（后改称1205钻井队）艰苦奋战，创出月进尺5009米的最新纪录，被石油工业部命名为“钢铁钻井队”。1959年，创出钻井年进尺7.1万米的全国纪录，这相当于新中国成立前42年钻井进尺的总和。是年，王进喜被评为全国劳动模范，出席了全国群英会，参加了新中国成立10周年国庆观礼。其间，王进喜看见北京街头因缺油而背上煤气包行驶的公共汽车，感到作为一名石油工人不能为国家提供更多的石油而很难过，心里憋足了一股气，暗暗下决心，要拼命为国家多找石油、多生产石油。当听说东北发现了大油田，王进喜心情无比高兴，摩拳擦掌，“恨不得一拳砸出一口井来”，提出申请要求参加大庆石油会战。

1960年3月，王进喜奉命从玉门油田带领1205钻井队赶赴大庆。全队职工日夜兼程，千里迢迢来到萨尔图。下火车后，王进喜一不问吃，二不问住，在找到油田生产调度室后，首先问：“我们队的钻机到了没有？钻井的井位在哪里？这里的钻井最高纪录是多少？”当得知井位在马家窑附近，就立即带队步行两个小时来到井场。看到一望无际的大草原和那黑油油的土地，王进喜禁不住为祖国有这样一块宝地而万分激动地高呼："把贫油落后的帽子甩到太平洋里去吧！"当天夜里，全队33人就住在当地农村的马厩、牛棚里，在野外风餐露宿。4月2日，当钻机运到后，在得知吊车和拖拉机不足时，王进喜没有向上级伸手，而是要求全队职工"有也上，无也上"，"只能上，不能等；只准干，不准拖"。为了抢时间，王进喜带领全队职工把钻机化整为零，使用撬杠和棕绳，人拉肩扛，把钻机和设备从火车站运到马家窑附近的萨55井场。在没有吊车的情况下，王进喜动员大家不等不靠，以撬杠、大绳、木头、钢管作为工具，人拉肩扛安装设备，苦战三个昼夜终于竖起了井架。开钻时，需要大量的水调制泥浆，但当时既没有铺设供水管线，水罐车也很少。王进喜动员全队职工，从500米外的水泡子破冰取水，用脸盆端水50多吨，争取时间提前开了钻。王进喜吃在井场，住在井场，饿了啃几口干粮，困了枕着钻头躺在成排的钻杆上休息一会儿。从安装钻机到第一口井顺利完钻，王进喜一连七天七夜不下"火线"。当地老乡感动地说："王队长可真是铁人啊！"从此，"铁人"这个名字，传遍了整个油田。

1205钻井队，在队长王进喜的带领下，靠人拉肩扛将几十吨重的钻井设备装卸运到井场就位，后被人们誉为“人拉肩扛”精神。靠这种“人拉肩扛”精神，1205钻井队仅用5天零4小时就打完了萨55井。这口井，是王进喜率队到大庆参加会战打出的第一口油井；这口井，完井井深1200米，数十年来一直自喷生产，累计产油超过15万吨。

铁人1205钻井队在打第二口井——2589井时，王进喜还带着腿伤、拄着双拐，坚持在工地上指挥打井。在钻进过程中，突然发现有井喷的迹象，王进喜清楚如果一旦发生井喷，整部钻机就有可能陷进地层，还会引起火灾烧毁设备。为防止井喷，需要加大泥浆密度，但现场没有搅拌设备。在这紧要关头，王进喜一边命令工人增加泥浆浓度和密度，采取各种措施压制井喷；一边毫不迟疑地甩掉双拐跳进泥浆池，拼命地用手和脚来回不停地搅动、调匀泥浆。两个多小时的紧张搏斗过去了，井喷事故避免了，而王进喜和两名工人身上却被碱性很强的泥浆烧起了许多大泡。王进喜这种心甘情愿吃大苦、耐大劳，临危不惧、不惜牺牲个人的一切，为国家和人民多找石油、多产石油的崇高精神，是中国工人阶级优秀品质的鲜明体现。

大庆石油会战中，“铁人”王进喜“有条件要上，没有条件创造条件也要上”的奋斗精神，成为鼓舞会战广大职工不怕困难、艰苦创业的精神力量。1960年4月9日—11日，在召开的油田第一次技术座谈会上，余秋里在向大家介绍王进喜的事迹后，激动高声地说：

“我们每个队、每个单位、每个人都要向‘铁人’王进喜学习，像他那样保持革命战争时期那种敢于冲锋陷阵、英勇牺牲的精神和压倒一切困难而不被困难所压倒的英雄气概。要人人学‘铁人’，人人做‘铁人’，高速度、高水平拿下大油田！”从此，在全战区掀起了一个“学铁人、做铁人”的热潮。

1960年4月29日，在召开的“石油会战誓师大会”上，铁人王进喜作为会战中涌现出的第一个红旗标兵，披红戴花，骑着由领导牵着的高头大马，被职工们敲锣打鼓送进会场，拥上主席台。余秋里带头高呼：“向‘铁人’王进喜同志学习！人人争做‘铁人’！”

大庆石油会战中，“学铁人、做铁人”活动的开展，推动了全战区广大会战职工艰苦奋斗的优良作风，迎着困难而上。从新疆石油管理局来参加石油会战的1202钻井队队长马德仁，在钻机泥浆泵上水管线冻结的情况下，不畏严寒，破冰下泥浆池，疏通上水管线。四川石油管理局来参加会战的1206钻井队队长段兴枝，在吊车和拖拉机不足的情况下，利用钻机本身的动力设施，解决了钻机搬家的困难。从玉门石油管理局来会战的大庆油田第一个采油队队长薛国邦，自制绞车，给第一批投产的油井清蜡，手持蒸汽管下到土油池里化开凝结的原油，保证了大庆首次原油外运列车顺利起程。从石油工业部第一工程局来会战的工程队长朱洪昌，在供水管线漏水时，用手捂住漏水，忍着灼烧的疼痛，让焊工焊接裂缝，保证了供水工程提前竣工。1960年7月，会战领导小组作出决定，在全油田开展学习王进喜、马德仁、段兴枝、薛国邦、朱洪昌的活动，并被誉为大庆石油会战中的“五面红旗”。从学习“铁人”王进喜到学习五大标兵，很快发展到百名标兵（百面红旗），“比、学、赶、帮”活动热气腾腾，激励着石油会战职工克服各种困难，把会战打了上去。从会战誓师大会到6月1日，仅用一个月的时间，一辆挂着21节油罐的列车，从萨尔图装油外运。到8月，油田原油日产量达3000多吨。

“铁人精神”，是对王进喜崇高思想、优秀品德的高度概括。“铁人精神”，就是坚定不移的自信精神，以国为家的主人翁精神，艰苦奋斗的创业精神，胸怀全局的奉献精神，当“官”为民的公仆精神。“铁人精神”体现了“大庆精神”，是新中国石油工人精神风貌的集中表现。

33 大庆石油会战中，“干打垒”精神是怎样形成的？

1960年5月，石油工业部机关党委召开“大庆会战首届政治思想工作”会议。会上，“铁人”钻井队、装卸大队一队等单位，分别介绍了围绕生产做好思想工作、做好政治工作等作法经验。机关党委在《关于战区政治工作的体会和今后政治工作的任务》报告中提出，这次大会战的根本任务，就是要“高速度，高水平，迅速地发展石油工业”；这次大会战的指导思想是“集中优势兵力打歼灭战”。会议指出，在会战中提倡和发扬“三要”[①]“十不”[②]的革命精神。会议强调，在完成艰巨任务的同时，要抓好生活，管好食堂；要抓农副业生产，盖“干打垒”房屋解决住房问题；要注意劳逸结合，搞好职工文娱生活。

大庆石油会战开始时，最大的困难是在高寒地区几万人如何过冬，而靠常规办法这个困难很难得到解决。随着1960年冬季的逼近，面对严寒和缺粮少衣，有人提出把会战队伍撤下来，转到附近的城市去“猫冬”，等到来年春天再上。在这种困难情况下，到底是把会战打上去，还是退下来？为争取时间早日拿下大油田，会战领导小组决定发动群众大搞“干打垒”，确保职工过冬有房住，以站稳脚跟坚持会战；提出要发扬当年解放区的“南泥湾精神”，自己动手，丰衣足食。

---

①“三要”：要甩掉中国石油工业落后的帽子，要高速度、高水平拿下大油田，要赶超世界先进水平、为国争光。

②“十不”：不怕苦，不怕死，不为名，不为利，不讲工作条件好坏，不讲工作时间长短，不讲报酬多少，不分职务高低，不分分内分外，不分前线后方，一心为会战的胜利。

1960年入冬前，会战领导小组发动全体职工，要求不论领导干部、教授、工程师、工人，还是职工家属，男女老少齐上阵，抽出时间自己动手盖“干打垒”房屋。会战职工、家属积极响应号召，因陋就简，就地取材，仅用3个月的时间，就盖起了30多万平方米的“干打垒”房舍，解决了冬季住房问题。职工、家属自己动手，艰苦创业，以中国东北地区农民用黄土夯实作墙壁，“干打垒”建造房屋，解决居住困难，是“干打垒”精神的集中体现。

黑龙江省委、省政府组织赶制上万套棉衣被服，及时送到广大职工手中。当时，一些常年在野外施工的一线队伍，因生产任务繁重而未能如期完成“干打垒”盖房计划。会战领导小组得知这一情况后，立即下了一道死命令：要想尽一切办法，确保一线职工人人过冬有房住，不准冻伤一个人。从此，在大庆形成了一条不成文的规定，即每年冬季只有在野外一线单位进房点炉之后，会战总部机关才准点炉供暖。正是这种领导与群众同甘共苦的精神，把几万会战职工紧紧凝聚在一起，上下团结共同为油而拼搏。

34 大庆石油会战中，“三老四严”与“四个一样”的作风是怎样形成的？

在生产管理上建立岗位责任制度，是生产发展的客观要求，也是大庆石油会战的实际需要。能不能严格执行岗位责任制度，要靠广大职工的主人翁责任心。尤其是在油田生产建设中，钻井队遍布油田、分散钻井，采油工人在油井上单人顶岗、昼夜值班，施工作业的点多、面广、门类多，只有广大职工自觉从严，才能一丝不苟地执行岗位责任制度。为此，会战工委结合生产实际，向会战职工提出了“当老实人，说老实话，办老实事”；对待生产建设和各项工作，要有“严格的要求，严密的组织，严肃的态度和严明的纪律”。这一要求深入人心，付诸实践，逐步形成了“三老四严”的作风，并涌现出一批“三老四严”的先进典型，其中李天照井组就是一个突出的典型代表。

李天照井组所管的井，是1961年7月投产、地处油田边缘的几口油井。到1963年底，这几口油井，历经会战指挥部组织的17次全油田岗位责任制大检查，次次被评为一类等级。油井投产30个月来，从未发生过一次事故，井场上的各种管线和设备共有863个焊口、153个闸门，没有一个漏油、漏气；所使用的大小工具无一损坏丢失；所记录的上万个生产数据，经反复检查无一差错；油井安全生产近千天，月月超额完成原油生产任务。李天照井组对油井生产管理得好，关键是坚持“三老四严”，做到了“四个一样”：夜班和白班执行制度一样，坏天气和好天气执行制度一样，领导不在场和领导在场执行制度一样，没人检查和有人检查执行制度一样。会战工委对李天照井组的经验，及时进行了总结、推广，使“三老四严”“四个一样”的作风，成为全油田管好生产、做好工作的巨大精神力量。

1964年初，会战工委领导通过蹲点调查，发现和总结了采油三矿四队的先进经验。这个队的干部和工人对待工作人人严、事事严，严细成风。队长辛玉和为了查清一盘1000多米长的清蜡钢丝有无伤痕，硬是用放大镜一厘米一厘米仔细检查。全队管理的16口油水井全部正常生产，机泵设备台台完好，资料数据齐全准确，月月超额完成生产任务。2月24日，会战工委作出《关于向采油三矿四队学习的决定》。随后，石油工业部授予这个队“高度觉悟、严细成风”称号。

35 大庆石油会战领导小组为什么狠抓“三基”工作，岗位责任制是怎样形成的？

大庆石油会战中，油田勘探开发的实践证明，包括基础资料、基础数据、基础工程和基本设施在内的基础工作质量，始终是油田开发生产管理的根基所在。会战领导小组重视和狠抓基层建设、基础工作、基本功训练的“三基”工作，即加强以党支部建设为核心的基层建设，加强以岗位责任制为中心的基础工作，加强以岗位练兵为主要内容的基本功训练，并对“三基”工作规定了具体的标准和措施。特别是普遍实行基层岗位责任制度，做到了事事有人管，人人有专责，处处有人把关，在全油田建立起了严格的生产秩序。

随着油田生产建设的深入进行，全面管好油田，已成为亟待解决的一个重要课题。大庆油田的岗位责任制度，就是在这种形势下，依靠职工群众总结经验，在生产实践中逐步建立和健全起来的。大庆石油会战初期，由于职工来自四面八方，又缺乏管理大油田生产的经验，加上管理制度不健全，在一些基层的管理工作中往往顾此失彼，漏洞不少，以致各类事故时有发生。1962年5月8日凌晨1时，刚建成投产不久的萨尔图油田中区一号注水站着火，厂房设备被烧光，损失达160余万元。经联合调查组调查，失火原因是因柴油机伸出厂房外的排气管喷出火花，大风把火花吹到临时厂房顶上钻入瓦隙，燃着了油毡纸的锯末，酿成了一场大火。问题是当深夜发现火警后，值班的干部和工人手足失措，备用的消防器材设备处处失灵，自己无法控制火势，待消防队赶来时，全站已卷入熊熊烈火之中。这一事故的发生，深刻暴露了基层生产管理上的薄弱环节。这场大火，引起人们的深思。会战领导小组决定在全油田就“一把火烧出来的问题”开展大讨论，强调只有把千千万万个在工作岗位上的人，同千千万万件必须做好的事联系起来，才能把千头万绪的油田日常生产管理得井井有条。5月10日，会战工委召开干部大会，从总结事故的教训入手，分析生产管理工作中存在的问题，明确提出管好油田生产已成为各项工作的重点和当务之急，并把“加强基层工作，开展红旗队活动，大力改进工作作风，全面管好生产”作为全年的工作方针。随后，大庆会战工委机关报《战报》以《一把火烧出的问题》为题，发表了事故调查报告，并在全油田开展了“汲取事故教训，全面管好生产”的群众性大讨论，把“全面管好生产”的工作方针宣传到职工群众中去。

为了切实贯彻“全面管好生产”的方针，会战工委要求在全油田普遍建立和全面推行岗位责任制度，并强调指出，制度必须来自实践，来自群众，符合油田生产实际。1962年6月—7月，油田各部门、各单位普遍组织工作组，深入基层，调查研究，为建立生产管理制度进行试点。会战指挥部以生产办公室为主，组织了生产管理和工程技术干部167人，分别深入北二注水站等10个基层单位蹲点调查，并进行试点工作。因北二注水站建成投产不久，领导班子和职工队伍刚刚组建，工作组依靠群众，从查物点数、弄清家底做起，把管理每台设备、每项工作的职责，分区域、分岗位划清，落实到值班干部和工人头上，拟定了岗位专责制；根据老工人在交接班时认真询问情况和仔细检查要害部位的做法，拟定了交接班制；总结工人值班时定时、定点，按一定路线检查设备运转情况的经验，拟定了巡回检查制；汲取站内二号高压注水泵因缺乏定期保养，断掉连杆的教训，拟定了设备维修保养制；针对施工、抽查样品、分析化验数据没有明显质量标准的问题，拟定了质量负责制；学习兄弟单位的做法，拟定了班组经济核算制。这套制度的建立和执行，使北二注水站的生产管理工作出现了崭新面貌。期间，在钻井队、采油队、施工队和机修车间等各试点单位也分别根据自己的生产作业特点，拟定了各项制度，并见到较明显的效果。

在蹲点调查、进行试点的基础上，会战指挥部及时召开各试点单位的现场观摩和经验交流会，明确了基层生产单位岗位责任制度，包括岗位专责制、交接班制、巡回检查制、质量负责制、设备维护保养制和班组经济核算制六项内容。建立岗位责任制的目的，是把日常生产上常见的千千万万件具体工作和各个岗位职工的职责结合起来，做到事事有人管，人人有专责。1962年8月—9月，会战指挥部又采取典型示范的方法，全面推行岗位责任制度。到9月底，全油田8个指挥部的所有基层单位，普遍建立了基层生产岗位责任制、基层干部岗位责任制，以及机关干部岗位责任制，形成了具有大庆特色的以岗位责任制为基础的科学管理体系。

以岗位责任制为基础的油田开发生产管理，标志着大庆油田开始步入现代企业科学管理的轨道。

36 大庆石油会战中，“为油田负责一辈子”的思想是怎样形成的？

油田勘探开发、生产建设地下隐蔽工程多，使用年限长，又要经受严寒和高温、高压及酸碱高腐蚀的考验，质量要求十分严格。1961年4月，大庆石油会战会战领导小组发现，由于会战上得猛，个别工程有只抓进度忽视质量的倾向。有支钻井队钻完1口井的井身斜度超过了规定标准，会战领导小组便于4月19日召开现场会，要求干部、技术人员和工人都要讲求工程质量，并规定质量不合格就推倒重来，当场下令把这口井的部分套管起出，将这口井填掉。这就是大庆油田开发史上有名的“4·19”事件。康世恩在油田千人干部大会上大声疾呼：“油田开发建设要对子孙后代负责，来不得半点马虎。你们谁不讲质量，我就和谁拼命。”此后，以质量为中心的基础工作，一直作为油田开发管理的重点而常抓不懈。

大庆石油会战中，由于年年狠抓质量，在会战职工中普遍树立起了“为油田负责一辈子”的思想作风。

37 大庆油田开创“早期同步、内部横切割”注水开发方式的世界先例，是怎样实施“六分四清”工艺技术的？

20世纪60年代，世界上已有越来越多的油田实行了注水开发，但都未采用与油田开发同步的早期注水，更没有采取早期内部横切割注水开发的模式。大庆油田开创了世界上的油田注水开发方式——早期同步、内部横切割注水开发方式的先例。

大庆萨尔图油田，是非均质性十分严重的陆相河湖沉积体系。在油田开发过程中，因油层非均质性引起的层间矛盾、平面矛盾、层内矛盾，是制约油田开发效果的“三大”基本矛盾，而层间矛盾是贯穿始终的主要矛盾。萨尔图油田采取早期注水开发后，有效保持了油层压力，油井生产能力旺盛，效果十分明显，但也出现了一些新问题。最早采取注水开发的萨尔图油田中区，在不到三年时间内，见水井数已占第一排生产井数的52%，全区水淹率达7.0%，仅采出全区石油地质储量的4.18%。分析出现这一问题的基本原因是，对层间非均质性很严重的油层进行笼统注水而导致注入水单层突进。要改变这种状况，必须对不同性质的油层实行分层开采，其基本途径是井内分层、井网分层。而国外油田多采用井网分层方式，少数油田虽然采用同井内分层，但规模较小、层段划分也较粗。

1964年8月，针对萨尔图油田注水开发的主要矛盾，康世恩主持召开大庆油田开发技术座谈会，确定开展施行“四定三稳迟见水”方针；10月，在萨尔图油田中部开发区改变笼统注水，全面推行分层注水，并立即组织井下作业队，对101口注水井、444个注水层段进行分层注水施工作业。井下作业工人以苦为乐、以苦为荣，提出“身穿冰激凌，风雪吹不进；干活出大汗，北风当电扇。”的口号，满怀豪情壮志的气概，在三九严寒的冬季连续施工，全面完成了分层注水作业施工任务。通过4个月的分层配注作业施工会战，油层水淹问题得到基本控制。从此，大庆油田的开发由笼统注水进入分层注水阶段。

1965年1月，会战工委号召油田职工向“高度机械化、高度自动化进军，发展新技术，发展新工艺”。从这一年开始，在油田开发方面又对油井进行分层配产作业施工，实行了分层采油。实践使大庆油田的科技人员进一步认识到，要开发好油田，仅仅做到分层注水和分层采油是不够的。从1966年开始，对萨尔图油田实施了“六分四清”分层开采方式，创出并发展应用以同井分层为主体的开采工艺技术。“六分四清”是指分层注水、分层采油、分层测试、分层改造、分层研究、分层管理，分层注水量清、分层采油量清、分层含水率清、分层压力清。对非均质多层油层实行以“六分四清”为主的工艺技术，显示出较好的效果，使油田产量稳定，油井平均含水上升率由1964年的6.37%下降到2.8%，油田开发水平得到进一步提高。

大庆油田针对油田非均质多油层的特点，采取油田内部早期注水、保持油层压力、分层配水、分层开采的方法，制定合理的开发部署，贯彻反复实践、反复认识、不断调整、多层开采的开发技术，使地层压力一直保持在原始地层压力附近，基本实现注采平衡，油田地下开发形势一直处于较好的可控状态，驱油能量比较充足，油田生产比较主动。石油工业部在全国油田中推广应用“六分四清”开采工艺技术，有力地解决了油层非均质性引起的制约油田开发效果的“三大”基本矛盾（层间矛盾、平面矛盾、层内矛盾），极大地提高了油田的开发水平。

38 大庆石油会战中，领导干部“约法三章”的主要内容是什么？

抓基层，抓队伍，要从领导干部自身抓起。1964年8月，会战工委根据中共中央颁发的“党政干部三大纪律、八项注意”，认真总结会战以来的经验，制定了大庆油田领导干部“约法三章”，作为油田各级领导干部的行动守则。其主要内容是：一要坚持发扬党的艰苦奋斗的优良传统，保持艰苦朴素的工作作风，永不特殊化；二要克服官僚主义作风，永不做官当老爷；三要坚持“三老四严”作风，保持谦虚谨慎，永不骄傲，永不说假话。

领导干部“约法三章”的执行，进一步推动了大庆油田职工队伍的建设。

什么是大庆石油会战精神？

大庆油田的勘探发现与探明，不仅实现了石油勘探重点战略东移的目标，而且揭开了中国石油工业发展史的新篇章。到1960年底，在面积达2000多平方千米的大庆长垣，以93口探井用1年零3个月的时间就探明一个世界级的特大型油田——大庆油田，是中国石油工业发展史上高速度、高水平成功运作的典范。大庆石油会战三年多来，在油田勘探开发生产建设上取得巨大成就：探明了一个面积达860多平方千米的特大油田，建成年产原油600万吨的生产能力，累计生产原油1166.2万吨，占同期全国原油总产量的51.3%；共完成财政上缴10.6亿元，相当于同期国家给大庆油田投资总额（不包括炼油厂）的149%，除收回投资外还为国家积累资金3.5亿元。大庆油田巩固与发展会战成果，根据1963年6月编制的《建成1000万吨原油生产能力》开发建设规划，1965年比规划部署提前1年建成1000万吨原油生产能力。

大庆石油会战，不仅创造出了巨大的物质财富，而且创出了宝贵的精神财富——以“铁人”王进喜为代表的“为祖国分忧，为民族争气”的爱国主义精神；

“早日把中国石油落后的帽子甩到太平洋里”“宁肯少活二十年，拼命也要拿下大油田”的忘我拼搏精神；“有条件要上，没有条件创造条件也要上”的艰苦奋斗精神；“要为油田负责一辈子”“干工作要经得起子孙后代检查”的科学求实精神。大庆石油会战所创出的精神财富，永远是激励新中国石油人奋勇向前的精神动力。

大庆石油会战，实现了中国石油工业发展史上一次大的飞跃。这场会战，运用毛泽东哲学思想指导石油勘探、油田开发的全部工作，从中国的实际出发，在石油地质理论、科学技术、企业管理和思想政治工作等各个方面实行了一系列变革和创新，开辟了独立自主、自力更生发展新中国石油工业的道路。

40 华北石油普查钻探发现生油层的重要意义是什么？

华北平原的石油普查与钻探，始于20世纪50年代。1951年，李春昱在《中华的石油资源远景》中指出：“华北平原就构造上说是一个完整的大盆地，在这个平原之下的地层，有寒武系、奥陶系地层都是海相，石炭－二叠系地层一部分为陆相，一部分夹有海相，都有生油的可能。"[1]1953年，谢家荣在《探矿的基本知识与我国地下资源的发现》中指出，从大地构造角度来预测将来的探矿方向，华北大平原可能有石油蕴藏。李四光在《从大地构造看我国石油资源的勘探》中提出，开展华北平原石油普查。地质学家对华北和渤海湾地区含油前景的预测和评价，为在华北地区开展石油普查提供了理论依据。1955—1960年，在华北平原基本完成航磁、重力和大部分地区的电测深和地震普查，基本上明确了渤海湾盆地内坳陷、隆起相间排列的格局，明确了陆上存在济阳、黄骅、冀中、临清、辽河等下第三系沉积坳陷，发现了一批构造，并在济阳坳陷内钻探的华7井揭开了下第三系生油层的序幕。

1956年，由中国科学院、石油工业部、地质部三个部门组成的石油地质委员会，选定在河北省沧县至南宫县（今为南宫市）的明化镇隆起构造上钻探华北平原第一口基准井——华1井，认为该井所处的沧县隆起有可能为海相第三系所组成的大背斜，目的层是钻探海相第三系。经石油工业部批准，华北石油钻探大队（后改称勘探大队）32104钻井队承钻华1井。1957年11月30日钻至井深1936.7米完钻，完钻层位为中上

① 李春昱为中国地质计划指导委员会委员。1950年9月，中国地质计划指导委员会成立，以加强全国地质工作的统一指导和协调。李四光任主任委员，尹赞勋、谢家荣任副主任委员，佟城、李春昱、孙越崎、孙健初、张更、黄汲清等任委员。

寒武系。华1井虽未钻遇第三系海相地层，但获得了有关渤海湾盆地的重要地质资料。

1959年，在山东省商河县的沙河街地区、惠民县林樊家地区进行了地震面积详查，发现了沙河街、林樊家构造，这为华北平原基准井、参数井的钻探提供了井位。选择临清坳陷的馆陶和堂邑构造、开封坳陷的神岗集构造、太康隆起上的邸阁构造，先后部署钻探4口参数井——华2井、华3井、华4井、华5井。在这些参数井的钻探中，除华2井打在坳陷中之外，其他3口井都打在隆起上，穿过上第三系便钻遇古生代地层，没有发现中、新生界生油层。通过钻探认识到临清坳陷和太康隆起上的重力高异常反映的都不是真正的构造，而是由古生界组成的潜山。

根据这段时期的地质勘探资料，多数专家认为华北平原是一个中、新生代的沉积盆地，勘探目的层主要应是中、新生界，建议开展华北平原东部坳陷区的油气勘探。由此，一种意见认为应该扩大范围，继续广探，钻探华北平原东部的济阳坳陷，寻找中、新生界生油层及含油岩系；另一种意见认为应该继续在华北平原西部的临清坳陷，追踪华4井的古生界含油显示。华北石油勘探处兼顾两种意见，决定一台钻机就地钻探南堂邑构造上的参数井——华6井；另一台钻机从河南省搬迁至山东省，钻探济阳坳陷沙河街构造上的华7井。

为了解华北平原东部济阳坳陷的地层、构造及含油气情况，华北石油勘探处将华7井井位定于济阳坳陷惠民凹陷的沙河街构造上，设计井深3200米，由华北石油勘探处32120队承钻，于1960年11月11日顺利完钻，完钻井深2713.56米。在钻进过程中，华北石油勘探处105地质综合研究队的帅德福等人，在现场对岩心进行了细致观察和描述，并系统采集了一套化验分析样品。经过对岩矿、古生物鉴定及生油指标等测定，发现在1269—1502米井段岩性为灰色、深灰色泥岩夹油页岩及薄层粉砂岩，含大量介形虫、腹足类、鱼化石，有机质含量高，确定是一套良好生油岩层；1502—1973米井段岩性为灰绿色泥岩、粉砂岩、砂岩夹薄层紫红色泥岩，确定为可能生油层。这两段地层厚度为704米，其中泥质岩厚度为501米，占地层厚度的71.3%。根据生油条件、储层性质分析，证明这套新发现的暗色地层不但有良好的生油条件，而且还具有很好的储集条件，被命名为第三系沙河街组。

为证实华7井生油层的可靠性，石油工业部华北石油勘探处综合研究队，派专人携带样品去大庆油田与松辽盆地松基3井的生油层进行实物对比，进一步认定华7井下第三系沙河街组生油层的质量是可靠的、品位是优等的。华7井的发现，解决了华北平原区域普查勘探任务中最重要的生油层问题。华7井首次发现了下第三系沙河街组生油岩系，从而大大增强了在华北平原找油的信心，提高了对渤海湾盆地东部含油气远景评价的认识，证明渤海湾盆地的济阳坳陷、黄骅坳陷是勘探油气十分有利的地区。华北石油勘探处地质综合研究队预言“华北即将发现油田”。与此同时，地质部中原石油物探大队开展济阳、黄骅坳陷的地震面积普查、详查工作，于1960年发现了东营凹陷的东营构造，后又发现了黄骅坳陷的盐山、羊三木构造。华北石油普查与钻探，取得重大的勘探成果。

根据1960年全国地层会议关于“全国地层草案规范”的规定，石油工业部华北石油勘探处综合研究队对华北平原内深井揭露的新生代地层进行了划分对比及地层命名。“界、系”采用国际性的地层单位名称，“组、段”采用地方性的地层单位名称，并以基准井、参数井首次发现的地理位置给以命名。凡可与平原边缘露头区进行对比层位相当者，不再取新的名称。依据这些原则，将华北平原新生界自上而下划分并命名为第四系平原组、上第三系明化镇组（华1井发现）和馆陶组（华3井钻遇）、下第三系沙河街组（华7井发现）和孔店组。这一套地层层序和名称的确立，为进一步开展华北平原区新生代地层和构造的研究奠定了基础。

为什么说"天津会议"是华北石油勘探史上的一次非常重要的会议?

华北平原区域普查钻探，在发现济阳坳陷的惠民凹陷、东营凹陷东营构造，以及黄骅坳陷盐山、羊三木构造之后，石油工业部和地质部决定把勘探重点由平原的西部转向东部——渤海湾地区的济阳坳陷、黄骅坳陷。济阳坳陷是渤海湾盆地的一个次级构造单元，由东营、沾化、车镇、惠民凹陷，以及义和庄、陈家庄、青城、滨县、垦东—青坨子凸起等组成，面积约2.65万平方千米。

1960年8月，地质部中原物探大队在郑州召开华北物探资料综合研究成果汇报会。会上，中原石油物探大队着重介绍了发现东营构造的情况，石油工业部华北石油勘探处介绍了华7井发现下第三系沙河街组生油层的情况。两部的地质人员一致认为，应以华7井发现生油层为转机，向东继续探索沙河街组，把勘探重点集中到济阳、黄骅坳陷。经反复讨论研究，确定在东营地区打一口深井。会后，华北石油勘探处根据中原物探大队地震2队的详查资料，在东营局部构造上选定了华北平原第八口基准井——华8井，并派人员到现场踏勘，把井位实地定在了经过构造顶部的地震第8测线的11300桩号处。

1960年11月，地质部、石油工业部在天津召开华北勘探工作协调会。会议期间，两部与会人员共同分析研究华北石油勘探形势，认为沿渤海湾地区是华北找油的有利地带。会上，地质部提出应将东营、义和庄、盐山、羊三木、北塘、马头营构造作为突破口。会议决定，东营构造由石油工业部华北石油勘探处钻探，义和庄构造由地质部山东石油普查大队钻探，盐山、羊三木、北塘、马头营构造由河北省石油普查大队钻探，从而制定了沿渤海湾周围地区的整体勘探部署任务。天津会议，使钻探目标更明确，分工更具体，加快了华北地区特别是环渤海湾地区的石油勘探步伐。

42 为什么说“华8井”在中国石油工业史上具有里程碑意义?

1960年11月“天津会议”后，地质部中原物探大队、石油工业部华北石油勘探处物探队，在东营凹陷北部，包括中央隆起带、坨庄—胜利村—永安镇地区，约1000平方千米范围内展开工作，发现了三个局部构造，即东营、辛镇背斜构造和胜利村鼻状构造。由于当时地震测线稀，且使用的“五一型”仪器所得到反射层的资料不能连续追踪，没有得到深层反射，只能提供假想层构造图。在构造图上，东营、辛镇构造仅显示为两个背斜和一条正断层，构造面貌十分简单。东营构造面积仅30平方千米，构造幅度40—80米；胜利村鼻状构造在图上表现为半个圈，面积仅为12平方千米。东营背斜构造完整而简单，因此将东营背斜构造选定为首选钻探对象，华北石油勘探处立即着手编制基准井——华8井的地质设计。

华8井，位于东营凹陷中部东营背斜构造顶部，地理位置在广饶县（今山东省东营市东营区）东营村东1500米处。设计华8井井深2500米，钻探目的是了解下第三系沙河街组在济阳坳陷东部的地层及含油情况。华北石油勘探处32120钻井队承钻华8井，虽然井位早已确定，但由于交通不便，致使钻井设备经由乐陵沙河街绕道济南泺口渡黄河，又经济南、张店等地运达，因此用了3个多月的时间。当时正处于经济困难时期，东营地区又是山东省的重灾区，在钻井队队长李仲田、指导员魏振家的带领下，井队职工克服口粮不足、天寒地冻、缺水少油等许多困难，坚持快速安装设备，争取早日开钻。在省、地、县有关部门的大力协助下，1961年2月26日钻探华8井。3月初，在1189.07—1194.39米井段第一次取心，第一筒岩心为棕红色泥岩，测定为油层的盖层；第二次取心，在1194.39—1209.39米井段，获岩心0.45米，岩性为褐黑色疏松油砂。这是华北平原石油钻探，第一次在探井中发现油砂层。井队地质技术员贾中惠找了一个瓶子，拣了一块砂样放进去，又系上一条红绸子，郑重地写上“华北探区第一块油砂”的字样，连夜送到设在济南市的华北石油勘探处。对此，华北石油勘探处领导十分重视，随即委派帅德福等人日夜兼程直送石油工业部。余秋里听取汇报后十分高兴，让食堂加餐慰问来京汇报的有关人员。石油工业部迅速作出决定，3月10日委派勘探司钻井处长邓礼让、主任地质师谢清辉到华8井现场加强工作指导，并及时汇报录井资料。

1961年4月1日，当华8井钻至井深1755.88米时，由于连续发现良好的含油层而提前完钻。为做好华8井的试油工作，余秋里提出选择油层的原则：可疑水层不试，没有把握的油层不试，只射开有把握的油层。4月16日，华北石油勘探处试油队用原钻机在东营组1207.8—1630.5米井段，射开油层8层、16.2米，用9毫米油嘴测试，日产油8.1吨。

位于东营背斜构造顶部的华8井喜获工业油流，证实了渤海湾东营地区含油气的可能性，为在这个区域找到油气田提供了有力的依据，进而确立了华北平原作为中国石油工业发展战略接替的主战场地位。华8井，使华北平原石油勘探实现了零的突破；华8井获工业油流，由此引发了华北石油勘探大会战，并在济阳坳陷探明胜坨、东辛等油田，在黄骅坳陷探明大港油田。华8井是中国石油工业史上又一座里程碑。

43 在济阳坳陷东营凹陷勘探发现东辛、胜坨油田，其重大意义是什么？

华北石油勘探经历了一个反复实践、不断认识的曲折过程。石油勘探重点转向渤海湾地区后，在济阳坳陷东营凹陷勘探发现了东辛、胜坨油田，彻底扭转了华北石油勘探的被动局面。

位于东营凹陷的华8井出油以后，使整个华北平原的勘探形势为之一变，大大增强了人们的信心。但华8井的产油层为上第三系馆陶组和下第三系东营组，未能钻达下第三系沙河街组。为扩大勘探战果，了解下第三系沙河街组的含油气情况，完成华8井未完成的地质任务，石油工业部决定在东营构造上钻探营1井、在辛镇构造上钻探辛1井。

辛1井，位于东营构造带东部辛镇局部构造上，钻探目的层系为下第三系沙河街组，设计井深3000米，由华北石油勘探处32104队负责钻探。1961年7月23日，辛1井完钻，井深2525.89米，钻遇上第三系明化镇组、馆陶组，下第三系东营组、沙河街组。在2058—2461米井段发现沙河街组油层18层、有效厚度为43.4米。11月3日，射开沙河街组2290—2370.6米井段22米的油层试油，用10毫米油嘴测试日产油36—60.8立方米。辛1井在下第三系沙河街组发现油层，再次证明沙河街组是东营构造带的主要含油层系，而且具有完整的生、储、盖组合系统。据此判断，下第三系沙河街组是最主要的勘探目的层系。钻探营1井、辛1井，先后获得工业油流，扩大了东营辛镇构造带的含油范围，从而勘探发现渤海湾地区的第一个油田——东辛油田。

根据华北石油勘探出现的新局面，石油工业部迅即作出在东营地区重点勘探的决定。1961年10月5日—8日，在石油工业部党组会议上，余秋里指出："要利用两个战役之间的间歇，准备战场，继续前进""要搞清山东地下情况，把构造搞清楚，油层物性搞清楚，并搞到一点面积，确有把握再动手大干"。为支援东部华北地区的勘探，石油工业部决定压缩西北地区的勘探，抓紧大庆油田外围地区的勘探和华北勘探战场的准备。10月下旬，石油工业部将华东石油勘探局的队伍由江苏调到山东，集中力量加强东营凹陷北部地区，即黄河以南、广饶县牛庄以北地区的勘探工作。华东石油勘探局与华北石油勘探处合并，组成新的华东石油勘探局；局机关迁至东营，加强了东营地区的勘探力量和领导力量。自此，在黄河三角洲这块肥沃的土地上，石油勘探工作蓬勃展开，捷报频传。

1962年，在东营—辛镇构造上部署的营2、营4、营5、河1等探井均见油层。9月23日，营2井喷油，用15毫米油嘴测试，获得日产555吨的高产油流。这是当时全国日产量最高的一口油井。因为营2井于9月23日喷出高产油流，所以将对外保密称为“广（饶）北农场”改称“九二三厂”。

营2井沙河街组（沙三段）喷出高产工业油流，东营地区的勘探形势随之大变。根据形势发展的需要，石油工业部提出要做好山东地区开展石油勘探会战的准备，在大庆外围地区的勘探工作告一段落，就要把主要勘探力量调到山东，并要求在东营地区再打一些井，搞好地震、钻探和试油工作，查明地下构造情况，争取控制一块含油面积。1963年，为追踪沙三段高压油层，同时了解沙河街组其他层段和东营组的含油情况，在坨庄—胜利村上部署营11井（后改称坨1井）。10月25日，对先期完钻的营5井（后改称坨7井）沙二段下部进行试油，射开2155.4—2164米井段1层、8.6米油层，获日产油36吨的工业油流，成为坨庄—胜利村构造上的第一口预探见油井，从而发现济阳坳陷内最大的油田——胜坨油田。因为油田范围内有“胜利村”这个地名，此后把在济阳坳陷内发现的油田统称为胜利油田。

到1963年，在东营凹陷共钻探井14口，其中9口井见到油层，初步探明含油面积11平方千米，石油地质储量1200万吨。特别是营2井、坨7井（原营5井），获得高产油流，说明东营凹陷油气资源丰富，具备了开展石油会战的必要性和可能性。从1963年起，石油工业部陆续从青海、玉门、银川、四川、大庆等地，调集地震、钻井、试油、试采队伍和与之配套的其他队伍约1200人前往东营，扩大了东营地区的勘探队伍。是年，大庆石油会战取得决定性的胜利，石油工业部党组及时筹划、部署、确定石油勘探战略重点，决定组织华北石油勘探会战，把勘探重点从松辽盆地南移渤海湾盆地，以建立渤海湾石油基地。

44 石油工业部为什么要组织开展华北石油勘探会战?

大庆石油会战的胜利，使我国石油工业的面貌发生了重大变化。1963年，全国原油产量达到647万吨，生产汽油、煤油、柴油、润滑油四大类油品315万吨，自给率达71.5%，实现了产品基本自给，初步摆脱了缺油的被动局面。但是，要实现石油产品的全部自给，并能适应国民经济发展的需要，为国家提供稳定、充裕的能源供应，还需要做很大的努力，特别是要有更多的后备储量作基础。

当时，国民经济“调整、巩固、充实、提高”的任务已基本完成。1964年，全国计划会议提出，要组织工业生产的新高潮，并积极建设战略后方。为适应这个新的形势，在“三五”期间实现石油产品全部自给，并为以后的发展创造条件，石油工业部决定在大庆会战取得决定性胜利的基础上，把勘探重点转向渤海湾地区，广泛开展大规模的石油勘探，增加后备资源储量。

华北石油勘探的重点东移渤海湾地区后，石油工业部、地质部的勘探队伍分别在东营地区和黄骅地区打出工业油流井。到1963年底，在东营地区100平方千米范围内完钻的10口探井都见到油流，证明这是一个很有前景的含油气区。但是，这里的覆盖层很厚、断层多、地层变化大、构造复杂，油层分布不均匀。要把它搞清楚、拿到储量，需要下更大的功夫。据此，1964年1月21日，石油工业部党组向中共中央报告，提出在天津以南、东营以北的沿海地带，组织华北石油会战。1月25日，中共中央批准了这一报告，同意组织华北石油会战，并指出“这是继大庆石油会战之后的又一次重要的会战”，要求有关地方和有关部门予以协助。①

①《当代中国》丛书编辑部．当代中国的石油工业[M].北京:石油工业出版社，1988,44.

针对两个地区的地质条件复杂、油层埋藏深的特点，从会战一开始就组织了地震、钻井、测井、试油等方面的技术攻关，采取地质、地球物理和探井钻探相结合的综合勘探方法，从北到南、从南到北反复进行。经过两年的勘探会战，到1965年取得显著成果。在山东东营，勘探发现胜利油田，探明胜坨油田面积达60平方千米，是一个储量较大的整装油田，还发现了东辛、郝家、永安、纯化、滨南、现河庄等油田；1965年，胜利油田的原油产量达83.8万吨。在天津，勘探发现面积约30平方千米的大港油田，还发现了唐家河、王徐庄、周清庄等油田。

华北石油勘探会战打开了渤海湾地区的勘探局面，在中国东部开辟了又一个新的石油工业生产基地。胜利油田、大港油田的勘探开发，改善了全国的燃料构成和石油工业布局，使华北、华东以至整个环渤海湾地区石油工业状况大为改观。由于新油田陆续投入开发，大幅提高了全国原油产量；1965年，生产汽油、煤油、柴油、润滑油四大类产品617万吨，自给率达97.6%，提前实现了“三年过关，五年立足于国内”的目标。华北石油勘探会战，对促进中国石油工业的发展，加速社会主义现代化建设，具有非常重要的意义。

45 华北石油勘探会战，石油工业部确定东营地区的勘探方针是什么？

石油工业部组织开展华北石油勘探会战，主要是基于济阳坳陷、黄骅坳陷的勘探形势，基本具备开展大规模石油勘探会战的条件。1964年，石油工业部陆续从大庆、玉门、青海等地调集会战职工队伍2万多人到达东营地区，展开了大规模的勘探会战。为确保会战顺利进行，石油工业部确定东营地区的勘探方针是“区域展开，重点突破，各个歼灭”。“区域展开”，是在整个东营凹陷内，根据地质条件铺开找油的侦察工作，全面了解地层、生储盖组合、构造和含油情况；“重点突破”，是在区域展开的基础上，选择有代表性又比较有把握的地区和含油气构造进行重点解剖；“各个歼灭”，是对含油气有利地区采取集中兵力打歼灭战的办法，发挥多工种的综合优势，逐一搞清地下情况，把油田找出来。这个勘探方针，是经过多方面论证提出来的，因此在石油勘探会战中发挥了重要指导作用。

1964—1966年，华北石油勘探会战指挥部以东营凹陷为重点，连续组织了坨庄—胜利村，通（滨镇）—王（家岗）—惠（民）及永安镇，以及滨南地区的勘探战役。其中，坨庄—胜利村战役，目的是迅速探明胜坨油田。1966年，胜坨油田原油产量达109万吨，占胜利油田原油产量的81%。

46 中国第一口千吨油井诞生的重大意义是什么？

在济阳坳陷东营凹陷的石油勘探会战中，部署在东营凹陷胜利村构造长轴方向上的坨9、坨10、坨11、坨21等24口探井相继完钻，控制胜利村构造含油面积40平方千米。从1964年6月—1965年5月，仅用不到1年的时间，就探明了胜坨油田——坨庄—胜利村构造的含油面积。

1965年1月11日坨11井完钻，完钻井深2480米，钻穿沙一段、沙二段44层、112米，是当时东营地区所有油井中油层最厚的一口井。对于射开100多米厚的油层进行试油，这在中国石油工业史上还是第一次尝试。为打好这一仗，石油工业部副部长张文彬亲临现场指挥。1月25日，射开坨11井沙二段油层31层、85.9米，用35毫米油嘴测试，获日产油1134吨的高产油流。

位于胜坨油田——坨庄—胜利村构造上的坨11井，是中国的第一口千吨油井，是当时全国日产原油最高的一口油井，是胜利油田的功勋井，是中国石油勘探开发史上的一座丰碑。

世界上第一次钻井取心超百米的纪录是怎样创出的?

1965年11月，从大庆32143钻井队分出来的电32104钻井队来到胜利战区参加会战，所打的第一口井是用实验电动钻机，深井油基泥浆大直径取心。面对井深大、地层复杂、人员新、技术水平低，在没有用油基泥浆取心经验的情况下，开展了岗位技术练兵活动。井队先后召开大小会议十几次，集思广益，民主讨论，充分发挥干部、技术人员、工人三结合小组的作用，边学边干，每取一筒心就总结一次、提高一步。经过30多次取心，由最初一次取心3米提高到一次取心31.56米，再到一次取心53.48米，并闯过一次取心64.56米的大关，第一次刷新了世界纪录。1966年7月10日，又第二次刷新了由大庆钻井队创造的纪录，一次取心达到81.61米。

在创长筒取心世界纪录的过程中，攻关队成立了取心工具研制小组，先后对取心工具的滑动接头、转换器、岩心爪等8个主要结构进行了30多次研制和改进；管子站成立了取心工具加工小组。在现场，设立油基泥浆配制小组、电动钻机指导测试小组，地质指挥所把化验器具搬到井场现场化验，为创造世界纪录提供技术服务保障。

1966年7月22日，32104钻井队完成102.32米的钻井取心进尺，收获率100%，创造了世界上第一次取心超百米的纪录。石油工业部发了贺电，并授予32104钻井队“红旗单位标兵”光荣称号。《人民日报》《人民画报》分别对此作了报道。担负钻井取心施工的32104钻井队派出三名代表到北京参加国庆观礼，受到周恩来等党和国家领导人的亲切接见。

48 中国第一次在盐碱高腐蚀地区建设的大口径、长距离输油管道是哪一条？

1965年初，为解决东营地区原油外输的问题，华北石油勘探会战指挥部决定抢建一条东营至辛店的管径426毫米的输油管线，全长80千米，设计年输油能力400万—500万吨。这条输油管线，从1965年6月1日破土动工到12月4日建成投产，在当时技术装备水平较低、器材供应不足、预制能力极低、施工条件十分艰苦的情况下，油建职工苦战7个月就完成了施工任务。

建设这条长输管线，任务重、时间紧、要求高，油建职工冒着酷暑，坚持严格保证施工质量。全线

7000多道焊口、200多处大小穿越点，质量均达到优良。油建三大队女工排长宗兰英带领8名姐妹主动承担管线防腐任务，在盛夏酷暑气温高达40摄氏度、熬好的沥青温度高达70摄氏度的环境下，自觉坚持严要求、高标准地施工。女工们身穿劳保工服，烈日晒、沥青熏，人人脸上都脱了一层皮，但在困难面前没有一个人叫苦叫累，没有一个人甘心落后。

东营—辛店输油管线，是国内第一条在盐碱高腐蚀地区建设的大口径长距离输油管道，其防腐质量达到了高水平，投产几十年未曾发生管壁穿漏事故；经过开挖检查证明，防腐绝缘质量优良完好，这是胜利油田会战职工发扬“为油田负责一辈子”思想的行动写照。

49 “学大庆，赶大庆，胜利必然归你们”是怎样提出来的?

1966年1月12日，中华人民共和国副主席、全国人民代表大会常务委员会委员长朱德到九二三厂视察，在参观了临时地宫和视察了营10井、坨一站、胜坨三区7排18井取心、坨11井放喷等井站后，对亦工亦农的矿区建设作了重要指示，并赋诗《参观胜利油田》:

“学大庆，赶大庆，胜利必然归你们；学大寨，赶大寨，工农联盟更相亲。”

50 在黄骅坳陷勘探发现大港油田的重大意义是什么？

黄骅坳陷是渤海湾盆地的一部分，面积约1.4万平方千米，其中陆地面积1.1万平方千米，海域面积0.3万平方千米。1961—1963年，地质部第一普查大队在黄骅坳陷进行调查研究，发现了大港、孔店、羊三木等局部构造。1963年12月3日，在羊三木构造上完钻的黄3井，试油获日产油84立方米，是黄骅坳陷的第一口出油井，促进和带动了黄骅坳陷大规模的油气勘探。

1963年7月，大庆外围地区的勘探形势基本明朗。大庆油田的勘探队伍，根据石油工业部的决定挥师入关。这支队伍从区域勘探入手，在京沪铁路以东，北起京、津之间的凤河营，南至沧州，东至唐山以南的广阔区域内展开勘探工作。面对恶劣的自然环境，会战职工到达生产一线后，发扬铁人精神，“有条件上，没有条件创造条件也要上。”没有道路，就抢修土路、抢建桥梁；大型设备不能通过，就从水上运输，人拉木船运钻机。在严寒的冬季，安装队破冰下水立井架。地震队在冰天雪地通宵苦战，背着大线和检波器，遇沟下沟，遇河趟水，使用简易帐篷露宿荒滩或堤坝上。会战职工克服了重重困难，保证了石油勘探工作顺利开展。1964年1月，石油工业部领导在听取大庆油田勘探指挥部汇报工作时，为这支会战队伍定名为“六四一厂”。2月24日，石油工业部决定华北石油勘探会战总指挥部下设河北石油勘探指挥部，并批准“按横穿黄骅坳陷的3条大剖面和两条短剖面，确定钻探井31口”的勘探部署计划。河北石油勘探指挥部迅速组织，部署了5部钻机在塘沽至板桥之间、10部钻机在沧州至北大港西部地区、2部钻机在河北的廊坊地区，仅用10个月的时间钻探井28口，平均井深2800米。

1964年1月9日，在塘沽构造上开钻的塘1井，钻遇沙河街组见到良好油气显示，被确认为主要勘探目的层。6月11日，位于北大港构造带港西凸起的第一口探井——港1井，钻遇奥陶系石灰岩，钻至2098.10米时发生强烈井喷。这是大港油田第一口古生界见油井，大大提高了对古生界石灰岩的含油评价。6月12日，穿越黄骅坳陷横剖面、位于羊三木构造的探井——孔5井，经测试馆陶组获工业油流。为探明羊三木构造的含油范围，部署的羊1井于9月完钻，经测试获工业油流。至此，初步探明了羊三木油田范围。通过区域勘探，经地质人员对地震、钻探资料进行综合研究和上万次的地层对比，发现位于黄骅坳陷中部、面积100多平方千米的北大港构造带，是一个极为有利的勘探地区。根据这一发现，勘探指挥部调整勘探部署，集中力量在北大港构造带的港东、港西地区进行钻探。

位于港东地区的港5井由3238钻井队承钻，1964年12月20日钻至井深2526.3米，钻遇下第三系沙河街组一段，发生强烈井喷；利用卡于井中的钻杆裸眼完井投入试油，获得日产油19.74吨、日产天然气3.4万立方米，大港地区石油勘探取得突破，标志着大港油田的发现。为弥补港5井因卡钻而未取得有关资料，在距港5井东150米处部署港7井，于1965年2月钻至2984.72米完钻，钻遇油层14层、16.4米，用15毫米油嘴试油，获得日产油93.3吨、日产天然气1.67万立方米。港5井沙河街组喷油，打开了大港地区油气勘探的新局面。

1965年2月6日，位于港西地区的港3井完钻，井深2492.6米。设计该井时，以奥陶系为目的层，但在钻探过程中又发现上第三系油砂，电测解释油层12层、37.6米，气层10层。3月15日，用5毫米油嘴测试，获日产油89.7吨、日产天然气2万立方米。同月，港4井于明化镇组获高产油气流，发现港西上第三系浅层油气藏，从而提高了港西浅层的含油评价。

港东、港西地区的探井相继钻获工业油气流，初步证实北大港构造带是一个很有前景的油气聚集带。为此，指挥部组织力量扩大勘探成果。在港东地区钻探井18口，初步探明港东油田含油面积25平方千米。在港西地区钻探，控制含油面积20平方千米。北大港地区的区域勘探取得重要进展，位于港东地区的港14井在上第三系明化镇组、位于唐家河的港21井在馆陶组、位于唐家河北部的港20井在沙一段都获工业性油流。1966年2月，港12井在东营组三段获高产油流，日产油203吨、日产天然气2.98万立方米；5月1日，位于港西凸起的港45井在沙一段获得工业性油流。勘探证实，北大港构造带是一个多含油层系的富集带，由此奠定了大港油田的发展基础。

黄骅坳陷和沧县隆起构造自开展区域勘探以来，由于勘探指导思想明确、部署合理、组织严密，成果显著。会战历时三年，钻井139口，其中探井71口，获工业性油流井37口，探井成功率达52.1%；勘探发现了羊三木、北大港、周清庄、王徐庄油田，以及白水头、六间房、歧北含油构造或含油断块，在勘探上取得了重大突破，深化了对渤海湾盆地石油地质的认识。到1966年，累计探明石油地质储量1.57亿吨，为大港油田的开发建设打下了良好基础。

华北石油勘探会战，包括渤海湾盆地济阳坳陷、黄骅坳陷两个主战场，分别勘探发现胜利油田、大港油田等一批大、中、小型油田，是继大庆石油会战之后取得的又一重大胜利，由此打开了渤海湾盆地石油勘探的新局面，在东部地区陆续开辟了一个个新的石油基地，使石油工业的布局发生了重大变化。

51 海洋石油工业是如何创建的？

海洋石油勘探始于南海海域。在南海首先发现油气的海区，是海南岛附近的莺歌海。1964—1965年，茂名石油公司在莺歌海村水道口外离岸4千米、水深15米处钻了3口海上探井，其中海2井钻出了油。1965年，在渤海湾地区发现胜利、大港油田以后，海上石油勘探的重点转向了北方的渤海海域。

1965年2月，大港油田设立海洋石油勘探室；1966年8月，在天津塘沽成立了海洋石油勘探指挥部。当时，海洋石油人为了进行海上勘探，租了一艘小汽船进行海况调查，把吊车固定在驳船上当起重船，用小拖轮把上百吨重的钻机、设备运到海上，先在塘沽的一个孤岛——曹妃甸钻井锻炼队伍。其间，遭遇渤海60多年未见的大海啸，职工们挤在一座航标灯塔下的小房里，三天后才被搭救脱险。为了在海上钻井，连续奋战了100多个日日夜夜，由自己动手设计、建造的桩基固定式钢平台，完成了从平台预制到海上安装全部工程。1966年12月2日，在渤海湾建起了第一座海上钻井平台。12月31日，渤海第一口探井开钻；1967年6月14日，这口探井喷出原油，日产油约30吨。国务院为此发了贺电，深受鼓舞的海洋石油人乘胜前进，加速建造了第二号钻井平台。1969年初，正当准备开钻之际，又发生了几十年未遇的特大冰灾，使整个渤海西部海域被冰层覆盖，冰层厚50—70厘米。两个钻井平台上的近百名职工的生命安全受到严重威胁。在这危急时刻，周恩来命令陆、海、空三军派出人员救援，石油工业部、交通部和天津市也派出船只破冰抢险；各方奋战28天，保住了一号平台，但二号平台却被冰块推倒。海洋石油人自强不息、继续奋战，又建造了新二号钻井平台和三号钻井平台。1966—1972年，先后在渤海建造了4座钻井平台，钻探井4口，发现了3个含油构造。从1973年在大连造船厂建造自己设计的渤海一号自升式钻井船开始，海洋石油勘探指挥部逐步加快了渤海石油勘探的钻井速度。1975年5月，成立了茂名石油公司南海石油勘探指挥部；1976年12月，在新加坡建造的“南海一号”自升式钻井船拖运回国。1977年8月2日，“南海一号”钻井船在涠西南构造带钻北部湾的第一口探井——湾1井，获日产原油20多吨、日产天然气9490立方米。1978年8月，为适应渤海石油勘探开发的形势，石油工业部在天津塘沽设立了海洋石油勘探局。

经过十几年的艰苦创业，海洋石油勘探开发队伍得到了培育和锻炼，并积累了一些管理经验，增加了装备和建设了一些基地设施，为海洋石油工业发展初步打下了基础。

52 在辽河盆地勘探发现辽河油田的重大意义是什么？

辽河盆地的石油普查勘探从20世纪50年代开始。1955年，地质部第一普查大队开始在辽河盆地进行普查勘探，1963年作出对这个盆地的含油气远景评价；1964年7月，在盆地东部凹陷黄金带构造上钻第一口探井——辽1井，在下第三系首次钻遇含油气层；到1966年，这个普查大队共完成地震测线3000千米，先后在7个构造上钻探井13口，其中5个构造上的7口探井钻获工业油流或油气显示，钻探发现了热河台油气田，证实辽河盆地是一个含油气很有希望的地区。

为了尽快探明和开发辽河盆地的油气资源，国家计划委员会决定由石油工业部组织队伍，继续深入开展这里的石油勘探。1967年3月，根据石油工业部的决定，一支由大庆油田组建的600人的勘探队伍到达辽河下游地区。这支队伍，保持和发扬大庆石油会战的优良作风，把找油找气放在一切工作的首位，一到新的探区就迅速展开勘探工作。1968年，勘探发现黄金带和于楼油气田，从而肯定了东北凹陷中央断裂构造的含油价值。1969年11月，在黄金带构造上完钻的黄5井，射孔试油时发生井喷，喷柱高达50米，15千米以外都可以听到井喷的响声。喷出的天然气形成了很长的气带，如稍有一点火星，就会发生难以想象的重大损失。在这险情四伏的时刻，现场的职工坚守岗位，附近的石油职工闻讯赶来抢险。在当地群众的密切配合下，很快熄灭周围的一切火源。一支支抢险突击队冒着气流冲击的危险，冲上井台，抢关闸门。经过26小时的连续奋战，终于制服了井喷。这场抢险奋战，谱写了一曲盘锦十万工农兵群众同心协力抢险保井的英雄凯歌，也迎来了辽河油田石油勘探的新时期。

1967—1969年，在辽河盆地共钻探井36口，钻井进尺9万米，取心收获率达95.7%。通过三年勘探，初步查明了盆地内基岩起伏、断裂和沉积特征；对15个构造进行钻探，在9个构造上获得工业油流；初步控制了黄金带、于楼、热河台油田的含油面积。

随着辽河石油大会战的展开，辽河油田的全面勘探开发局面迅速形成。1970—1978年，热河台、黄金带、于楼、兴隆台、曙光、高升、欢喜岭、静安堡等13个油田相继投入勘探开发，其中兴隆台、曙光、欢喜岭油田年产油都在百万吨以上。辽河油田为1978年全国原油产量跃上1亿吨，作出了重要贡献。

辽河油田处在沈阳、鞍山、辽阳、锦州、营口、盘锦等工业地区，公路、铁路交通十分方便。1985年，辽河油田的原油产量达到900万吨，天然气产量达15亿立方米；累计向鞍山钢铁公司输送天然气54.7亿立方米，向辽河等10个化肥厂输送天然气63.4亿立方米，使这些工业企业得到了源源不断的燃料和原料供应。辽河油田的建设和发展，对改善全国石油工业布局，促进辽宁省的工农业生产建设，都作出了重要贡献。

53 在冀中坳陷勘探发现任丘油田的重要意义是什么？

冀中地区的石油勘探是从1955年开始的。1975年7月，在冀中地区勘探发现“古潜山”任丘油田。此后，又相继发现20多个油田，统称华北油田。

任丘油田是冀中地区的一个高产大油田，是在古老的碳酸盐岩地层中发现的一个大型潜山油田。1972年10月，燃料化学工业部在胜利油田召开石油勘探开发技术座谈会，研究寻找古生界灰岩油藏问题，并确定华北地区的勘探要“大战凸起，猛攻灰岩”。1973年

5月，燃料化学工业部召开华北古生界灰岩研究成果汇报会，会后成立了华北古生界研究队。6月，燃料化学工业部石油勘探开发规划研究院在河北省涿县（现为河北省涿州市）召开冀中地区勘探找油“突破口会议”。会上，石油勘探开发规划研究院与石油物探局、大港油田、河北省地质局的参会人员一起，认真总结冀中地区多年勘探的经验教训，提出了重点钻探高家堡、任丘—辛中驿、高阳、留路构造的实施方案，确定了第一批探井井位。

1974年6月，大港油田3269钻井队在高家堡构造上钻探家1井时，钻遇下第三系油层，喷出工业油气流，完井试油，获日产原油63.3吨、日产天然气4379立方米。9月，河北省地质局石油普查大队3505钻井队在任丘—辛中驿构造上钻探冀门1井时，第一次在古老的碳酸盐岩地层中取出岩心0.92米；岩心布满裂缝空隙，内有油斑油迹。

1975年初，石油化学工业部组织工作组，加强对冀中地区石油勘探的领导；4月，在冀中地区石油勘探座谈会上，确定把勘探前景最好的任丘—辛中驿构造作为钻探重点。5月27日，大港油田钻井二部3269钻井队在任丘—辛中驿构造南部高点上钻探任4井，钻穿下第三系时陆续见到油气显示，在井深3153米处钻遇中上元古界白云岩。

任4井设计钻探目的层为第三系含油层，按常规钻穿第三系后就可完钻试油。但鉴于邻近的冀门1井曾在中上元古界碳酸盐岩中取出带有油斑的岩心，大港油田钻井二部领导根据地质人员的建议，及时作出加深任4井、继续钻进的决定。钻井队地质技术员和工人密切配合，精心录井，从井深3162米开始，在成千上万粒细碎的岩屑中，找到了白云岩含油岩屑。当钻至井深3177米时，井下出现漏失泥浆的现象，这说明钻遇的白云岩层缝洞发育。1975年6月4日，钻至井深3200.64米处完钻，钻遇白云岩层47米多。7月3日，对白云岩井段裸眼试油喷出高产油流，至此任4井成为任丘油田的发现井。9月，对任4井酸化投产后，日产原油达1014吨，成为冀中地区第一口日产千吨的高产油井。10月，在3269钻井队打成第二口千吨油井的庆功会上，3269钻井队被授予“钢铁钻井队”称号。1976年，3269钻井队被石油化学工业部树为全国石油战线的标杆钻井队。

任4井获得高产工业油流，石油化学工业部石油勘探开发规划研究院与石油物探局、大港油田共同研究，提出调整勘探部署、集中力量、整体解剖任丘—辛中驿构造的钻探方案。这一方案被石油化学工业部批准后很快得到实施。方案确定4口探井——任6井、任7井、任9井、任11井快速钻进，以迅速探明整个构造的含油情况；任13井探边，以了解油水界面和含油边界。1975年10月，钻井队迅速集中到位，各探井陆续开钻；到1976年1月，任6井等4口井先后钻获千吨以上高产油流，任13井也完成了探边任务。至此，冀中地区“六口井定大局”，基本探明了任丘油田的含油面积和产油能力。任4井成为华北油田的功勋井。

任丘油田是中国发现的第一个碳酸盐岩古潜山大油田。华北油田第一次在“古潜山”找到油气藏，是中国石油勘探上的又一重大突破。“古潜山”这一新领域的突破，丰富和发展了中国油气勘探开发理论。钻探“碳酸盐岩”古潜山油气藏的成功实践，为在全国范围内勘探开发“古潜山”油田提供了实践经验和理论依据。

扶余油田是怎样艰苦创业的？

扶余油田位于吉林省扶余县（今为吉林省扶余市），是在吉林省境内发现的第一个油田。1959年9月，地质部松辽石油普查大队在扶余3号构造上钻探扶27井，获工业油流；到1960年9月，经过1年的钻探，在这个构造上钻探又有14口井获工业油流，从而证实了扶余油田是一个含油面积大、储量丰富、油层埋深300—500米的浅油田。

1961年，开始开发建设扶余油田。当时，正值国民经济暂时困难时期，开发扶余油田缺乏投资和设备。面对这种情况，矿党委动员全矿职工“奋发图强，大抓生产，以矿养矿，准备发展”。全矿职工发扬高度主人翁精神，响亮地提出：“挺起腰板，站住脚跟，宁肯不开工资，也要保住油矿”的口号；全矿上下憋足一股劲，拧成一股绳地干，“就是天大的困难也要为国家献出石油”。在钻第一口生产井时，钻井工人把5吨多重的井架拆开，一件一件地抬到离驻地3千米的井场上。钻井中，没有电，就用柴油发电机发电；没有水，就组织职工到附近村子去挑；钻完井，没有射孔车和炮弹，无法射孔、试油，就在地面上先把套管穿孔，然后下到井底，使试油工作得以进行；完井后，钻机要搬家，没有吊车，钻井职工就在钻机前挖个斜坡，将汽车倒进去，前拉后撬、一寸一寸地将钻机部件拖上汽车，运到另一个井场。就这样，全年共钻生产井31口；架设高低压输电线43千米，修建了一些辅助生产设施。投产油井由年初的2口增至33口，原油日产量由年初的6吨多增加到70多吨，当年生产原油7425吨。

1962年，为把原油通过铁路外运，必须用驳船先把原油运到松花江对岸，吉林省政府为此调拨了9条驳船。扶余油田运输公司职工将停泊在吉林小丰满的这批驳船顺松花江拖运，途径几十个大小浅滩。船搁浅了，职工们就下到江水里拉船、推船，克服了不少困难，终于将这9条驳船拖运到扶余。这条20年没有通航的丰满—扶余航线，“自古夜不通航”的惯例被石油船工们打破。为尽快把原油运过江，职工们又不辞辛苦、昼夜工作，保证了原油及时外运。这一年，扶余油田生产原油达2.9万吨。

1964年，扶余油田生产井数达58口。为了合理地开发这个油田，从1965年开始进行注水开发和油层压裂，取得了明显效果。1972年，扶余油田全面投入开发，原油年产量达到126.32万吨，当年上缴利润6876.8万元，对吉林省的经济建设作出了贡献。

55 柴达木盆地尕斯库勒油田是怎样被发现的?

尕斯库勒构造是一个地下潜伏构造，位于柴达木盆地西部南区的尕斯库勒湖东侧。1958年，勘探发现尕斯库勒构造，当时称为“跃进一号”构造。在这个构造上，曾钻探过1口浅井，由于地层严重塌陷，未能成功。此后，一直未进行钻探，其原因是：构造地表有80—120米厚的盐壳，可塑性很大，不遇水时非常坚硬，一旦遇水就溶化。钻井过程中需要泥浆循环，在没有防范措施的情况下，钻穿盐壳时会溶化、塌陷，出现卡钻、钻机下沉等事故。1977年初，为钻探尕斯库勒构造，青海石油管理局制定了钻穿盐壳技术安全措施：在钻井场地构筑钻机水泥基墩，安装设备，以防钻机下沉；用高浓度盐水泥浆钻穿盐壳层，以防井壁塌陷；在井场周围不准排放泥浆及废水，以保护地面强度；钻穿地表盐壳层后，迅速下技术套管，封固地表盐壳层。

1977年3月，部署在尕斯库勒构造上的跃参1井，由3288钻井队开钻。这支井队严格按照技术安全措施施工，顺利钻穿了100多米厚的盐壳层。当钻至井深2547米时，见到很好的油气显示；钻达2751米时又不断出现井涌。完井试油，日产油60多吨。由于跃参1井成功地钻穿盐壳层并获得工业油流，增强了在盐湖地区钻探地下潜伏构造、寻找油气藏的信心。1978年2月，3288钻井队钻探跃深1井完钻，射开油层后喷势猛烈。此后，所钻几口井均获高产油流，从而探明尕斯库勒油田是一个高产油田。这是在勘探发现冷湖油田20年之后，在柴达木盆地的又一重大发现。由此认识到，紧邻生油凹陷的大型地下潜伏构造，是油气聚集和保存的有利场所，是勘探高产油气藏的主要对象。

尕斯库勒油田的发现，为在盐湖地区进行钻井工作积累了宝贵经验。

56 哪位中央领导视察大庆油田时作出建设美丽大庆的指示？

1978年9月14日，邓小平第三次视察大庆油田，作出“发扬大庆精神，建设美丽的大庆油田”的指示。

57 中国石油年产量是怎样超过1亿吨成为世界产油大国的？

1965年，中国石油工业年产突破1000万吨。1966—1978年，石油战线的干部职工顶着巨大压力坚持抓生产，不仅高水平全面开发大庆油田，而且组织开展了渤海湾、江汉、河南、陕甘宁等地区的勘探开发会战，石油工业取得突破性发展。大庆油田顶住压力，遇挫奋起，科学开发，同时将原来作为后备的喇嘛甸油田迅速投入开发，1976年，生产原油冲上5000万吨。在整个渤海湾地区建成了包括胜利、大港、辽河、华北油田在内的中国东部第二个大的油气区，在内地新区发现并建设了一批新油田，中国石油工业布局发生了重大变化，石油生产的重点由西部转向了东部，1978年实现了原油产量冲上1亿吨，达1.0405亿吨，成为世界上屈指可数的产油大国之一。

58 中国开始海上油气勘探对外合作的标志是什么？

1979年1月—3月，根据国务院制定的对外开放政策，与美国、日本、英国、法国等国的石油公司在中国南海、南黄海、渤海签订了9项地球物理勘探合作合同，与法国、日本签订了3项在渤海湾上勘探开发石臼坨和坨北油田的合同，这是中国海上油气勘探对外合作的开始。

20世纪80年代，国内最大稠油生产基地的建成有何重要意义？

1980年1月28日，辽河油田建成投产，年产原油能力达500万吨，年产天然气17亿立方米。这个油田是从1970年开始建设的。到1985年，辽河平原的石油勘探，已发现兴隆台、曙光、欢喜岭、高升、大民屯等十几个油田，探明石油地质储量9.27亿吨，探明天然气地质储量940亿立方米。辽河油田的油气产量，在全国油气产量中的比重不断提高。1985年，原油产量达到900.2万吨，天然气产量达15亿立方米；至1985年，累计生产原油4759.59万吨、天然气177亿立方米，完成财政上缴23.04亿元；向鞍山钢铁公司输送天然气54.7亿立方米，向辽河等10个化肥厂输送天然气63.4亿立方米，使这些工业企业得到源源不断的燃料和原料供应。1986年，辽河油田原油产量突破1000万吨，成为当时全国第三大油田。辽河油田遵循科学发展规律，坚持科技攻关，除开发建成一批稀油田外，还于20世纪80年代攻克了适合热采的稠油蒸汽吞吐油藏工程研究、开发方案设计及配套的钻采工艺和地面集输流程设计，使埋深1600米以上的稠油得到经济有效地开发，实现大规模工业化生产，建成全国最大的稠油生产基地，年产稠油在800万吨以上。辽河油田的建设和发展，对改善全国石油工业布局，加快石油工业发展速度，促进辽宁省的工农业生产建设都作出了重要贡献。

20世纪80年代初，“原油产量一亿吨包干”政策的重要内容和重要意义有哪些？

1981年6月3日，国务院决定，石油工业部实行1亿吨原油产量包干。“原油产量一亿吨包干”政策的主要内容：国家对石油工业的投资保持在1981年的水平上；石油工业部包原油年产量1亿吨，包统配原油商品率94.5%（即9450万吨），包炼厂的综合商品率90.5%；超产和自用节约下来的原油和成品油归石油工业部出口；出口油价与国内油价的差价收入由石油工业部使用[①]，所得外汇全额留成，用于进口器材、技术；超产所得，石油工业部与油田二八分成，油田分成中的85%作为石油勘探开发基金，15%作为职工的集体福利和个人奖励基金。这项政策的实施，可以解决石油工业资金严重不足的困难，有利于提高石油工业自我发展的能力，有利于打开石油勘探开发的新局面。为落实石油工业部向国家包干原油年产量1亿吨的任务，也使原油产量包干能够取得良好效果，石油工业部选择

① 根据当时国际原油价格为每吨260美元左右，大大高于国内原油价格每吨100元人民币，按汇率国内原油价格仅相当于每吨原油35.7美元，可换回大量的资金与外汇。

胜利油田为先行试点。10月8日，国家经委、财政部、石油工业部发出《关于转发胜利油田实行产量包干试点办法的通知》，确定在胜利油田实行原油产量1600万吨试点包干，其目的是加快石油勘探，增加石油地质储量，合理开发油田，提高采收率，减少油气的自用和损耗量，提高企业的技术水平、管理水平和经济效益，促进石油工业的发展。此后，“原油产量1亿吨包干”政策，在全国十几个油田全面实施，揭开了石油工业发展的新篇章。“原油产量1亿吨包干”政策，成为石油工业发展史上继大庆会战之后的又一个里程碑。1981—1985年，石油工业部的原油产量由10122万吨提高到12488万吨，比包干基数增长近25%。从1981年算起到1994年，通过超产留成共筹集勘探开发基金783亿元，加大了石油勘探开发的资金投入，引进了国外先进技术和装备，增强了自我积累、自我改造和自我发展能力，促进石油工业走上了良性发展的道路。

61 首次以中央文件的形式对“大庆精神”的概括内容有哪些？

1981年12月18日，中共中央下发《中共中央转发国家经委党组〈关于工业学大庆问题的报告〉的通知》

（中发〔1981〕47号文件），以中央文件的形式肯定了国家经委党组对“大庆精神”的概括，即发愤图强、自力更生，以实际行动为中国人民争气的爱国主义精神和民族自豪感；无所畏惧、勇挑重担，靠自己双手艰苦创业的革命精神；一丝不苟、认真负责、讲究科学、“三老四严”、踏踏实实做好本职工作的求实精神；胸怀全局、忘我劳动、为国家分担困难、不计较个人得失的献身精神。

62 中国石油天然气总公司的由来？

1988年4月，第七届全国人民代表大会第一次会议通过《国务院机构改革方案》，决定撤销石油工业部，原石油工业部的政府职能移交能源部行使，并以原石油工业部为基础成立中国石油天然气总公司。1988年9月17日，中国石油天然气总公司在北京成立。总经理王涛。这是中国石油工业由高度集中统一的计划体制，迈向社会主义市场经济体制的重要一步，推动了中国石油工业的持续稳定发展。

中国石油天然气总公司的性质：中国石油天然气总公司是具有法人资格的经济实体，在国家方针、政策指导下，进行自主经营、独立核算、自负盈亏。中国石油天然气总公司是国家公司，对陆上石油实行全国性统一集中管理，在生产建设、经营管理和各项工作上全面对国家负责。在计划上、价格上接受国家的控制。中国石油天然气总公司在国家计划中单列户头，业务工作上与国务院各部门和各省、自治区、直辖市建立直接关系。

中国石油天然气总公司经营范围：根据中国政府授权，主要负责规划、组织、管理和经营陆上（包括岛屿、海滩、水深0—5米极浅海）石油、天然气资源勘探、开发、生产建设及与油气共生或钻遇的其他矿藏的开采、利用工作。负责经营和管理全国石油、天然气运输和销售工作，安排油气产、运、销之间的衔接和平衡工作；负责归口管理和经营在国家批准的特定区域内，与外国公司合作勘探、开发油气油田，以及与国外的各种经济技术交往活动。

63 如何认识中国石油化工总公司成立的背景、意义和企业使命？

以石油为基础原料的石油化工是20世纪40年代后期兴起的新兴工业。通过发展石油化工振兴国民经济，成为20世纪50年代以后国际上普遍的经济现象。许多国家和地区把石油化工作为领先工业，以此带动整个国民经济的腾飞。中国石化正是在这种大的国际背景下应运而生的。1983年2月19日，党中央、国务院决定，组建中国石油化工总公司，对原分属国家部委管理的炼油、石油化工和化纤企业实行集中领导、统筹规划、统一管理，对产供销、人财物、内外贸实行统一管理。7月4日，时任国务院副总理万里在中国石油化工总公司筹备小组会上指出："中国的经济振兴要靠石油化工的振兴，人们生活的改善、人们的吃穿用住，在相当大的程度上要依靠石油化工提供原材料，以解决人口众多和农业争地的矛盾。人民生活靠什么？要靠石油化工搞上去。"由此可见，中国石化成立之时的企业使命主要是"振兴石油化工，解决人民的吃、穿、用和财政积累问题"。1983年7月12日，中国石油化工总公司在北京成立。李人俊任董事长，陈锦华任党委书记。

64 中国海洋石油总公司的由来？

1980年9月16日—11月3日，石油工业部副部长秦文彩率领对外合作主要负责人访问挪威、英国后，在提交的报告中介绍了挪威和英国关于对外合作机构设置的一些做法。1981年1月28日，石油工业部召开海洋石油对外合作专题会议，提出建立一个专门对外合作机构的设想，以便更好地与国际接轨。10月6日，国务院召开常务会议正式决定成立对外合作开发海洋石油资源的国家海洋石油公司。1982年2月8日，国务院批复石油工业部，同意成立中国海洋石油总公司，明确中华人民共和国对外合作开采海洋石油资源的业务，由中国海洋石油总公司全面负责；根据工作需要，可以设立地区公司、专业公司、驻外代表机构，执行总公司交付的任务。

1982年2月15日，中国海洋石油总公司在北京成立。总经理由秦文彩担任。1983年6月，中国海洋石油总公司成立四个地区公司：渤海石油公司、南黄海石油公司、南海东部石油公司、南海西部石油公司。1988年，中国海洋石油总公司从石油部分立。

65 中国石油大学的由来及主要发展经历有哪些？

1951年11月，在全国高等工业院校会议上，燃料工业部石油管理总局提出学习苏联的经验，建立中国的石油教育体系，不仅要办石油中等技术学校，也要办正规的石油高等院校，在条件成熟时，及时筹办石油学院。1952年，国家对全国高等教育院系进行调整。7月15日，石油管理总局向燃料工业部、教育部、人事部和中央财政委员会、中央文化教育委员会报告，建议在北京创办石油学院。周恩来听取燃料工业部关于创建石油高校的建议后，给予肯定。10月，石油管理总局成立北京石油学院筹备工作组。根据周恩来的指示，以清华大学石油工程系和其他院校的有关专业为基础，开始筹建北京石油学院。1953年10月1日，正式成立北京石油学院，并经燃料工业部报请教育部备案。全院教师212人，其中有老一代著名学者教授，以及一批中青年教师，他们大多来自清华大学、北京大学、天津大学、中国人民大学等院校。北京石油学院的成立，是新中国石油高等教育起步发展的重要标志。1954年，开始招收研究生。到1957年，北京石油学院建立了石油地质、地球物理勘探、采油、钻井、石油矿场机械、石油储运、人造石油、石油工业经济等10个专业，有专任教师475名，在校学生4171人；到1960年，建有本科专业21个，教职工1500余人，在校学生5686人。60年代，开始招收外国留学生。1961年，北京石油学院被确定为全国重点高等院校。1969年，学院迁到胜利油田（山东省东营市），更名为华东石油学院。

北京石油学院不仅为新中国石油工业输送了一批骨干技术力量，也为石油高等教育和其他石油教育事业培养了一批教师、管理干部，其办学模式为其他石油高校的创建起到了借鉴作用。

1988年4月，经国家教委批准，华东石油学院更名为石油大学，在山东东营和北京昌平两地办学。校本部设在北京。

1997年，石油大学正式进入国家“211工程”首批重点建设高校行列。2004年8月，教育部批准石油大学（华东）立项建设青岛校区。2005年1月，学校更名为中国石油大学。2017年学校进入国家“双一流”建设高校行列。

中国石油大学是教育部直属全国重点大学，是国家“211工程”重点建设和开展“985工程优势学科创新平台”建设并建有研究生院的高校之一。中国石油大学（华东）是教育部和五大能源企业集团公司、教育部和山东省人民政府共建的高校，是石油石化高层次人才培养的重要基地，被誉为“石油科技、管理人才的摇篮”，现已成为一所以工为主、石油石化特色鲜明、多学科协调发展的大学。

新星石油有限责任公司的由来？

1996年12月7日，国务院正式批复地质矿产部，同意组建新星石油有限责任公司，规定新星石油有限责任公司为国家投资组建的国有独资公司，可设全资子公司。主要从事国内外石油天然气资源的勘查、开发和生产经营活动，并在国家资源统一配置的前提下，从事石油、天然气的国内销售业务；依据国家有关法律、法规，在国家批准的对外合作区域内和国家划定的合作区块，与国外企业合作进行石油天然气资源的勘查、开发、生产等活动；开发国内外勘查施工、技术服务、劳务输出和与其生产经营相关的产品进出口贸易及其他经济技术合作业务。

2000年3月，原地质矿产部的中国新星石油有限责任公司整体并入中国石化集团公司，成为中国石化集团公司的全资子公司。新星石油有限责任公司改制重组进入中国石化股份公司。

67 20世纪80年代，中央领导给石油战线职工的题词是什么？

1984年2月11日—13日，胡耀邦到胜利油田视察，并给石油战线职工题词：“一部艰难创业史，百万覆地翻天人”。

20世纪80年代，胜利油田组织的最有成效的会战是什么？

1986年3月17日，胜利油田在孤东组织会战，经过将近100个日日夜夜的努力，形成了500万吨的年生产能力，成为中国近10年来建成的最大整装油田。1986年3月，胜利油田成立孤东会战领导小组，调集55台钻机、2000多部车辆、15000多名职工、18000多名民工，展开了大规模的孤东油田开发建设会战。第一战役大战100天（3月21日—6月30日），孤东油田日产量达到11546吨；第二战役大战80天（7月1日—9月20日），日产量上升到17064吨。全年打井966口，建成投产927口，当年生产原油323万吨，成为快速、高效收回投资的典范。1987—1989年，胜利油田在组织开展滨海地区勘探开发建设会战（时称滨海会战）中，对孤东油田进行了配套建设。孤东一号联合站于1987年7月1日开工，1988年11月30日竣工，建筑面积7554平方米，金属罐31台、管线884千米、电缆103千米，建成年原油外输、脱水能力700万吨，天然气外输能力41万立方米，是当时全国最大的油气水综合处理站。

中国最大的浅海油田是如何勘探开发的?

1988年12月，胜利油田发现一个极浅海大油田——埕岛油田。1992年11月9日，位于黄河入海口北岸的埕岛油田投入开发。这是中国最大的浅海油田，是胜利油田增储上产的重要后备阵地。

1988年5月17日，在沾化凹陷北部钻探埕北12井时，获高产工业油气流，并继续在东营组、馆陶组、中生界、古生界相继获高产油流，发现了国内极浅海第一个百万吨级大油田——埕岛油田。1991年，埕岛油田探明石油地质储量3.8亿吨。1992年11月，由胜利油田自行设计、自行建造的第一座坐底式可移动海上试采平台胜利开发一号下水，埕北151井投产，埕岛油田开始试采。1993年6月，埕北11A井组投产，标志着埕岛油田正式投入开发。胜新一号、胜新二号、胜新三号简易平台分别于5月、8月和9月陆续建成投产，当年产油10万吨。1994年，埕岛油田在经过东营组开发和中生界试采之后，进入了东营组、中生界全面开发的阶段。同年2月，胜利油田油建一公司建造的胜利开发二号平台就位，埕北21井一次投产成功，获得高产稳产；8月建成投产了埕北251单井平台；9月投产了11B井组平台；当年产油30万吨。1995年，埕岛油田进入主力开发层系馆陶组试采及开发先导试验初步实施阶段。按照“先易后难、先肥后瘦、先高产后低产”的原则，深化油藏精细研究，合理部署井位，提高单井控制储量。截至1995年底，埕岛油田共投产油井52口，建成井口采油平台、中心处理平台、单井采油平台16座；建成并投产了埕北35井组至海一站、埕北11C至海三站两条海底输油管线和陆地相应配套设施，基本形成了以陆地设施为依托，以海上采油平台为基点、海底管线为骨架的海上主体工程。埕岛油田的开发建设，三年迈了三大步，1995年原油产量达到54万吨。埕岛油田年产油量逐年上升，1996年年产原油105万吨。2016年全年生产原油312.4万吨，实现了原油产量持续增长和低油价时期的效益开发。

70 塔里木石油会战实行了什么特殊新体制?

1988年12月，塔里木石油会战开始，这是陆上油气田企业建立油公司体制的试验田。1989年4月10日塔里木石油勘探开发指挥部在新疆库尔勒市成立。据专家测算，塔里木油气资源为300亿吨左右。

自1988年发现轮南油田后，中国石油天然气总公司决定对塔里木盆地组织新的勘探开发会战。1989年4月10日，经国务院批准，在原新疆石油管理局南疆石油勘探公司的基础上，成立了塔里木石油勘探开发指挥部，直属中国石油天然气总公司领导，代表总公司对塔里木石油天然气勘探开发行使决策、监督、协调、管理职能。中国石油天然气总公司明确要求，这次塔里木石油勘探开发会战，坚持实行油公司管理体制，要大力采用新体制、新工艺、新技术，力求打出高水平、高效益。

1989—1995年，塔里木石油会战在塔北和沙漠腹地获得丰硕的勘探成果，相继发现桑塔木、解放渠东、吉拉克、塔中4、英买7、牙哈、羊塔克等8个整装油田和轮南8、塔中Ⅰ等10多个含工业油气构造，取得了塔里木石油发展史上空前的丰硕成果，为塔里木以后坚持长期勘探、实现勘探开发良性循环打下了雄厚的物质基础。但是，会战初期只注意勘探工作量，对工作质量特别是地震现场资料采集质量重视不够，到1993年后，地震质量一度出现滑坡。1994年提出“四个并举”①的勘探原则，以取得重大地质发现为目的，在塔里木规划的广阔区域战天斗地，在勘探

①“四个并举”是指：油气并举；克拉通盆地与前陆盆地勘探并举；海相古生界与陆相中新生界勘探并举；构造油气田与非构造油气田勘探并举。

上取得重要进展和成果。1989—1995年底，塔里木油田探明9个大中型油气田，发现26个工业性含油气构造，累计探明油气地质储量3.78亿吨，其中石油2.684亿吨，天然气1500亿立方米，具备年产600万吨石油、80万—100万吨凝析油、25亿立方米天然气的资源保证。

塔里木油田在油气勘探不断取得重大突破的同时，大力开展油气田开发建设。油气产量不断增长，经济效益不断提高。1989年，原油产量仅有3.39万吨，1991—1997年，原油产量以年平均50万吨的速度增长。其中，1995年达到221万吨，1997年猛增到年产原油420.35万吨，成为全国石油系统第七大油田。

71 吐哈油田是怎样高速高效勘探开发的?

1989年1月，吐哈油田在鄯善县台参1井喜获工业油流，被誉为当年中国石油工业的第一枝报春花，标志着吐哈油田的诞生。1991年，成立吐哈石油勘探开发指挥部，组织吐哈石油勘探开发会战。

1989年1月2日，鄯善县台参1井在2934—2972米处射孔作业，5日凌晨5时油流猛烈喷出地面，喜获工业油流，发现了鄯善油田，揭开了吐哈盆地勘探找油新的一页。

1990年2月7日，由玉门32757钻井队承钻了陵3井。6月15日，该井钻至井深2589米获取岩心，发现3.93米的细砂岩中有油迹和浓烈油味。6月19日，陵3井顺利完钻。7月13日试油，陵3井喷出了日产上百吨的高产油流，发现了吐哈盆地最大的丘陵油田。1990年7月18日，在紧依鄯善油田东南方向的温吉桑构造，华北32632钻井队承钻的温1井开钻，于10月17日完井，经试油日产原油92吨、日产天然气39万立方米，发现了温吉桑油田。

至1990年底，基本搞清了吐鲁番盆地的构造格局，解释出圈闭60个，总面积1400平方千米，评价盆地油气资源量为16亿吨。1990年，经国家储量委员会评审通过，鄯善油田探明储量3438万吨，控制储量968万吨；丘陵油田控制储量5000万吨，温吉桑油田控制储量1000万吨。奠定了石油大规模会战的物质基础。

随着吐哈盆地油气勘探的不断发现，中国石油天然气总公司决定把吐哈盆地作为实施“稳定东部，发展西部”战略的战场，打一场“两新两高”（采用新体制、新技术，创造高水平、高效益）的石油会战。1991年2月25日，中国石油天然气总公司成立了吐哈石油勘探开发会战指挥部，拉开了吐哈石油大规模勘探开发的序幕。

吐哈会战期间，吐哈盆地共预探圈闭85个，圈闭成功率39%；钻探井164口，成功率36%；平均每口探井探明油气储量148.6万吨，比全行业水平高出近3倍；每探明1吨油气储量投资9.9元，比全行业水平低40%。1991—1996年，原油产量每年以85%的幅度递增，其中1995年、1996年原油产量净增70万吨以上。

1991—1995年，吐哈盆地先后在侏罗系发现了14个油气田，探明油气地质储量2.3亿吨。原油产量大幅增长，其中1993年原油产量超过100万吨，1995年原油产量达到220.8万吨。

高速高效建设鄯善油田、温米油田、丘陵油田三大主力油田。同时，原油产量稳步增长。1997年，吐哈油田全年生产原油300.08万吨，创历史最高纪录，天然气工业产量达到8亿立方米。

72 国务院致大庆油田发现30周年贺电的主要内容有哪些？

1989年9月26日，大庆油田诞生30周年。30年中，生产原油10亿吨，财政上缴779亿元，为国民经济发展作出了重要贡献，国务院特致电祝贺与慰问。贺电指出：“30年来，大庆油田以马克思列宁主义、毛泽东思想为指针，继承和发扬党和人民解放军的优良传统，在社会主义工业建设的实践中，形成了以高度的爱国主义、艰苦创业和求实、献身精神为主要特征的‘大庆精神’，以及加强党的领导，加强思想政治工作，推进科技进步，实行科学管理，充分发扬民主，全心全意依靠工人阶级，办好社会主义企业的成功经验。‘大庆精神’和‘大庆经验’，过去曾激励我国工业战线职工奋发前进，今后仍将继续发挥榜样和鼓舞作用。”①

1989年，中国石油天然气总公司对所属石油企业实行承包经营责任制的内容有哪些？

1989年，中国石油天然气总公司对所属石油企业实行以“三包、两定、两保”为内容的承包经营责任制。三包：包原油天然气产量、包新增储量、包新增原油天然气生产能力；两定：定投入工作量(百万吨生产能力所需费用、亿吨储量所需勘探费用)，按油田开采情况和物价上涨指数定原油、天然气生产盈亏基

① 铁人学院．大庆精神、铁人精神学习读本[M].北京：中国工人出版社，2020，49-50.

数；两保：保油田用电指标(包括由中国石油天然气总公司核定的以油换电指标)，保原油外输、外运。各油气田积极探索，开拓进取，逐级实行储量、产量、生产成本和投入工作量包干，增强了自我发展的活力和能力。自筹资金占同期总工作量的比重达到85%以上，从过去主要依靠国家投资发展，初步走上了“以油养油发展油，以气养气发展气”的自我积累、自我发展的路子。

74 中央领导1990年对“大庆精神”概括的内容是什么？

1990年2月25日，江泽民视察大庆，提出全国各行各业都要学习“大庆精神”。江泽民高度评价“大庆精神”，并将其概括为“为国争光、为民族争气的爱国主义精神；独立自主、自力更生的艰苦创业精神；讲究科学、‘三老四严’的求实精神；胸怀全局、为国分忧的奉献精神”，简述为“爱国、创业、求实、奉献”八个字。

75 中国钻成第一口水平井的重要性表现在哪里?

1991年1月13日，由胜利油田钻井工程技术公司提供技术指导、60124钻井队施工的埕科1井完井。这是胜利油田第一口水平先导科学探井，也是我国第一口长半径水平井。该井于1990年9月23日开钻，井深2650.13米，水平位移1005米，水平段长度505.13米。

1991年2月1日，中国第一口水平井——胜利油田埕科1井试验成功，日产油268吨，日产气11551立方米，为中国首次在水平井上成功地试出工业油气流。后来，水平井成为国内油田开发上产的重要手段之一。

到1991年10月，胜利油田利用地震资料设计水平探井居国内领先地位。先后设计钻探了埕科1井、水平1井、水平20-1井和水平2井。平均每口水平井钻遇油层21层、207米，相当于9口直井的油层厚度，节省了大量资金。为此，油田决定在老河口地区专门建设水平油田，全部采用水平井进行勘探开发。

76 陆上石油工业发展的“三大战略”是什么?

1991—1997年，中国石油天然气总公司按照党的十四大、十五大的重要精神和党中央、国务院领导的批示和讲话要求，紧密结合石油工业的实际，为推动陆上石油工业持续、稳定发展，研究提出陆上石油工业发展的“三大战略”，即“稳定东部，发展西部；多元开发，多种经营；对外开放，国际化经营”，指明了石油工业20世纪90年代发展的思路和方向。

20世纪90年代，中央提出的发展中国石油工业的方针是什么?

1993年，中央提出了“充分利用国内、国外两种资源、两个市场”发展中国石油工业的方针。

中国陆上石油扩大对外合作的标志是什么？

1993年2月17日，经国务院批准，中国陆上石油扩大对外合作，在已开放的南方11个省、区的基础上，又开放了包括黑龙江、河北、河南、山东等10个省、自治区、直辖市内的12个地区。

上海石油交易所开业意味着什么？

1993年5月3日，上海石油交易所开业。它标志着中国石油工业在从几十年的计划经济向社会主义市场经济过渡中迈开了新的步伐。

国内第一个沙漠整装油田是怎样发现与开发的？

国内第一个沙漠整装油田——彩南油田的发现与

开发。1990年，新疆油田在白家海凸起的彩南背斜部署了彩参2井外甩探井，11月1日开钻彩参2井，当年进尺2492米，在侏罗系地层钻进中发现油气显示。1991年5月，彩参2井在侏罗系三工河组试油，获日产油49吨，日产气4529立方米，宣告发现侏罗系三工河油藏；接着，彩002井在西山窑组中途测试，获日产油8.8立方米，日产气63立方米，发现侏罗系西山窑油藏。自此，第一个整装沙漠油田——彩南油田诞生。1992年采用滚动开发方式，在彩南完成三维地震150.9平方千米，完钻探井18口，其中7口获得油气层，8口井获得工业油气流。至当年底，彩南地区累计探明含油面积57.2平方千米，探明石油地质储量6252万吨。1994年8月，彩南油田全面建成，耗时仅两年零四个月。开发建设期间，累计生产原油195万吨，获纯收入8.34亿元。1995年，彩南油田生产原油150.5万吨，采油速度达到2.58%。

81 中央领导1996年为海洋石油工业题词的内容是什么？

1996年10月18日，江泽民总书记为海洋石油工业题词：“开发蓝色国土，发展海洋石油”。

大庆油田年产历史最高水平是多少？

1996年12月31日，大庆油田全年累计生产原油5600多万吨，达到年产历史最高水平。大庆油田自1976年生产原油冲上5000万吨至2002年，持续27年5000万吨以上高产稳产，创造了世界同类油田开发史上的奇迹。

83 “新时期铁人”“铁人式的好工人”的由来？

1997年1月21日，中国石油天然气总公司党组下发《关于授予王启民同志“新时期铁人”、授予王为民同志“铁人式的好工人”》荣誉称号文件，并作出开展向王启民、王为民同志学习活动的决定。

“改革先锋”“人民楷模”“最美奋斗者”——“新时期铁人”王启民。

1997年4月17日，由中共中央宣传部、中国石油天然气总公司、国家经贸委、全国总工会、国家科委、黑龙江省委在人民大会堂隆重举行王启民先进事迹报告会，在全国掀起了学习“新时期铁人”王启民的热潮。

王启民，1937年9月出生，中共党员，浙江湖州人。曾任大庆石油管理局勘探开发研究院院长，大庆油田有限责任公司总经理助理、副总地质师。1997年获“新时期铁人”荣誉称号。他始终用“大庆精神”和“铁人精神”从事科学研究，敢于挑战油田开发极限；坚持“宁肯把心血熬干，也要让油田稳产再高产”的信念，攻克一道道技术难关，创造多项世界纪录。主持研究并提出了“分阶段多次布井开发调整”理论，其中表外储层开发利用打破了国内外认为不能开采的禁区；主持的油田高含水后期“稳油控水”项目研究，为大庆油田实现27年5000万吨以上高产高效持续开发作出重要贡献。他是一代石油人的杰出代表，为“铁人精神”赋予了新的时代内涵。

他曾荣获“全国先进工作者”“全国优秀共产党员”“改革先锋”等称号。2009年9月14日，王启民被评为100位新中国成立以来感动中国人物之一。2018年12月18日，党中央、国务院授予王启民“改革先锋”称号，颁授改革先锋奖章，并获评“科技兴油保稳产的大庆‘新铁人’”。2019年9月17日，国家主席习近平签署主席令，授予42人国家勋章和国家荣誉称号，王启民获“人民楷模”国家荣誉称号。2019年9月25日，王启民被授予“最美奋斗者”称号。

“铁人式的好工人”王为民，1949年9月出生，山东省济阳县人，中共党员，1968年入伍，1970年转业到济南钢铁厂，1981年1月调来胜利油田临盘采油厂采油三队工作，1984年被授予“山东省劳动模范”称号，1989年被授予“全国劳动模范”称号，1994年被授予“中国石油天然气总公司特等劳动模范”称号，1995年荣获全国首批“中华技能大奖”，1997年被中国石油天然气总公司党组授予“铁人式的好工人”荣誉称号。

他在油田工作十几年，对理想执着追求，对人民无私奉献，对工作认真负责，对技术刻苦钻研，他先后取得了30多项技术革新成果，其中5项获得了国家专利，他的许多革新成果被油田广泛采用，取得了良好的经济效益和社会效益。1984年底，为了解决油田普遍存在的抽油杆脱扣问题，他开始了防脱器的研究。为搞清抽油杆脱扣原因，他白天黑夜蹲在井上，饿了啃几口凉馒头；乏了就躺在井旁的草地上打个盹儿。为了攻克难关，他在十几平方米的工房里啃《机械制图》，为了寻找一个零件，他甚至行程上百里奔波于废品堆和收购站之间。1986年底，他的防脱器终于研制成功。当年，临盘采油厂在115口油井上安装了这种防脱器，仅修井费用一项每年就可为国家节约上百万元。1990年，他发明了“硅橡胶安全阀”，降低了生产成本，增加了油井水套炉安全性能系数。1993年，他发明了“多功能单流阀”，该单流阀不仅具有单流阀的一切性能，还能通过微机显示出其流量等多种功能。1996年，他发明了“打气筒式安全阀校正器”和“新型光杆密封器”，其中“新型光杆密封器”省去了油井经常加盘根的麻烦，操作简便，防盗安全，大幅提高了油井时率。

1997年9月14日，全国劳动模范、“铁人式的好工人”王为民，在技术革新现场进行试验时，不幸因公殉职，终年48岁。

84 1998年，国务院对原油、成品油价格形成机制作重大改革的背景、内容、目标和原则是什么？

自1997年10月开始，国际油价大幅度下跌，对中国的石油市场造成了强烈的冲击，导致国内外市场油品价格差距进一步扩大，使国内油品非法走私活动猖獗，严重扰乱了国内石油市场。在这种情况下，原有的石油生产流通机制受到很大冲击，产供销脱节、上下游未形成一体化的体制在一定程度上降低了抵御油价风险的能力。

为更好地配合石油工业大重组方案的实施，国务院决定对原油、成品油价格形成机制作重大改革。根据国家发展计划委员会《关于印发原油、成品油价格改革方案的通知》[①]要求，原油价格从6月1日起与国际接轨，全国成品油零售价从6月5日起执行新价，并实行新的价格机制和流通体制。

石油价格形成机制的目标是：按照社会主义市场经济的要求，坚持以市场为导向，建立与国际市场油价变动相适应和在政府调控下的原油、成品油市场价格机制。

石油价格的改革依据四个基本原则：一是有利于保护国内原油资源，促进石油工业的发展；二是有利于促进石油加工工业的科技进步、提高管理水平、降低成本，实现集约经营；三是有利于促进统一、开放、竞争、有序的石油流通体制的建立；四是充分考虑社会各方面的承受力，保持市场油价的相对稳定。

85 如何理解“中国石油精神”？

“中国石油精神”：即“爱国、创业、求实、奉献”。

中国石油天然气集团有限公司（以下简称“中国

① 国家发展计划委员会关于印发《原油、成品油价格改革方案》的通知，文号：计电〔98〕52号，发布日期：1998年6月3日。

石油”）是1998年7月在原中国石油天然气总公司基础上组建的特大型石油石化企业集团，2017年12月完成公司制改制。

中国石油是国有重要骨干企业和中国主要的油气生产商和供应商之一，是集油气勘探开发、炼油化工、销售贸易、管道储运、工程技术、工程建设、装备制造、金融服务于一体的综合性国际能源公司，在国内油气勘探开发中居主导地位，在全球35个国家和地区开展油气业务。2020年，公司在世界50家大石油公司综合排名中位居第三，在《财富》杂志全球500家大公司排名中位居第四。

中国石油坚持以习近平新时代中国特色社会主义思想为指导，围绕建设世界一流综合性国际能源公司目标，坚持稳健发展方针，以提高质量效益为中心，大力实施资源、市场、国际化和创新战略，着力加强党的建设、弘扬石油精神、重塑良好形象、推进稳健发展，力争规模实力保持世界一流水平，经营业绩、国际竞争力达到国际大公司先进水平，在建设具有全球竞争力的世界一流企业进程中走在中央企业前列，为保障国家能源安全、实现中华民族伟大复兴的中国梦作出新的更大贡献。

企业宗旨：奉献能源，创造和谐。奉献能源，就是坚持资源、市场、国际化战略，打造绿色、国际、可持续的中国石油，充分利用两种资源、两个市场，保障国家能源安全，保障油气市场平稳供应，为社会提供优质、安全、清洁的油气产品与服务。创造和谐，就是创建资源节约型、环境友好型企业，创造能源与环境的和谐；履行社会责任，促进经济发展，创造企业与社会的和谐；践行以人为本，实现企业与个人同步发展，创造企业与员工的和谐。

企业精神：爱国、创业、求实、奉献。爱国，就是为国争光、为民族争气的爱国主义精神。创业，就是独立自主、自力更生的艰苦创业精神。求实，就是讲究科学、“三老四严”的求实精神。奉献，就是胸怀全局、为国分忧的奉献精神。

企业理念：诚信、创新、业绩、和谐、安全。诚信：立诚守信，言真行实。创新：与时俱进，开拓创新。业绩：业绩至上，创造卓越。和谐：团结协作，营造和谐。安全：以人为本，安全第一。诚信是基石，创新是动力，业绩是目标，和谐是保障，安全是前提。“诚信、创新、安全、卓越”的企业价值观与企业核心经营管理理念在集团公司价值体系建设中逐步统一。

企业核心价值观：我为祖国献石油。牢记石油报国的崇高使命，始终与祖国同呼吸、共命运，承担起保障国家能源安全的重任。胸怀报国之志，恪尽兴油之责，爱岗敬业，艰苦奋斗，拼搏奉献。

86 如何理解“中国石化精神”和“石化传统”？

中国石油化工集团有限公司（以下简称“中国石化”）的前身是成立于1983年7月的中国石油化工总公司。1998年7月，按照党中央关于实施石油石化行业战略性重组的部署，在原中国石油化工总公司基础上重组成立中国石油化工集团公司，2018年8月，经公司制改制为中国石油化工集团有限公司。自1983年以来，中国石化人继承石油化工行业的优良传统，培育形成了“爱我中华，振兴石化”的企业精神。

1986年12月31日—1987年1月9日召开的中国石油化工总公司第四次直属企业经理（厂长）会议，总结了总公司成立3年来的工作经验，同时阐述了总公司的企业精神内涵：“继承和发扬大庆的艰苦创业精神，在事业追求上的开拓进取意识；认真办事的严格、准确、求实作风；亲密团结、相互支持的全行业集体荣誉观；敢打敢冲、思想过硬的队伍风貌。”1988年4月20日—24日，陈锦华在《中国石化报》第一次通讯报道工作会议上要求：“以中国石化生产建设为中心，突出宣传‘爱我中华，振兴石化’的企业精神。”同年7月15日，《增强石化意识，弘扬石化精神——庆祝中国石化总公司成立5周年》一文指出："全系统的广大职工，在努力为国家创造物质财富的同时，积极开展社会主义精神文明建设，培育、发展了'爱我中华，振兴石化'的企业精神"，并且肯定了这一精神与此前提出的企业精神内涵一脉相承的演变关系。

"爱我中华，振兴石化"的企业精神，前半部分体现的是一种艰苦创业、无私奉献，以及包括"铁人精神"在内的爱国主义精神，后半部分实际是一个企业的使命和战略目标，即通过发展中国的石化工业，拉动国民经济的发展，从而实现"振兴石化"的历史使命和发展战略。

中国石化在"振兴石化"的生动实践中，逐步形成了以"求真务实、精细严谨、家国情怀、事争第一"为主的优良传统。陈俊武、代旭升等模范人物的事迹是中国石化人"求真务实、精细严谨、家国情怀"优良传统的缩影。

21世纪的中国石化，继续弘扬"爱我中华，振兴石化"的企业精神，履行好国有企业的经济责任、政治责任和社会责任。

中国石化自成立之日起，就肩负起发展中国石油石化支柱产业、保障国家能源安全的重任，以服从服务国家战略为己任。2009年，在国家对石油、石化工业进行重组、改制上市等重大决策背景下，兼顾社会、股东和员工等各方利益，确定了"发展企业、贡献国家、回报股东、服务社会、造福员工”的企业宗旨，提出了“建设具有较强国际竞争力的跨国能源化工公司”的企业愿景。2011年2月，国资委提出“要建设具有国际竞争力的世界一流企业”。作为国内最大的国有企业集团和具有国际影响力的世界500强企业之一，中央领导和国资委多次勉励中国石化要做建设世界一流企业的先锋，从而赋予了中国石化更加光荣艰巨的历史使命。同年8月，中国石化根据国资委召开的打造世界一流企业安排部署会议要求，提出将企业愿景改为：建设世界一流能源化工公司。2020年7月20日，为进一步贯彻习近平新时代中国特色社会主义思想，中国石化提出了“打造世界领先洁净能源化工公司”的愿景目标。打造世界领先，是中国石化胸怀“两个大局”、谋划长远发展的体现，是中国石化心怀国之大者、主动担当作为、实现高质量发展的需要。可以说，中国石化在实现“企业愿景”的实践中，永葆为国分忧、产业报国的情怀，践行着“爱我中华，振兴石化”的精神，在不断的发展中，成为“大国重器”。

2019年，中国石化新增石油探明储量1.03亿吨，天然气探明储量2819亿立方米；境内原油生产3513万吨、天然气生产296亿立方米；原油加工量2.5041亿吨（占全行业的38.41%），生产成品油1.6亿吨（占全行业的44.4%）；炼油能力2.97亿吨/年；乙烯产量1249.2

万吨，首次突破1200万吨；成品油销售总经销量达到1.84亿吨。2019年，中国石化集团公司在《财富》世界500 强企业中排名第2位、炼油能力排名全球第1位、芳烃生产能力排名全球第1位、乙烯生产能力排名全球第4位、合成橡胶产能排名全球第2位；年营收为3.0034万亿，纳税3122亿。

“爱我中华，振兴石化”的企业精神，及以“求真务实、精细严谨、字国情怀、事争第一”为主的石化传统，激励着一代又一代石化人把爱国之情和报国之志，倾注于中国的石油石化事业中，创造了辉煌的业绩。直到今天，它仍如“黏合剂”“强磁场”，将石化员工紧紧凝聚在一起，共同推进中国石化持续有效和谐发展。

87 如何理解“中国海油精神”？

海洋石油工业具有高投入、高技术、高风险的特点。中国的海洋石油工业开启于20世纪50年代末，是在新中国成立后一穷二白、百废待兴的基础上起步的，注定要走一条自力更生、艰苦创业之路，行业特点和自身基础的巨大落差使这条路蜿蜒曲折。

改革开放为中国海洋石油工业的快速发展提供了

机遇。在中央领导的亲切关怀下，海洋石油工业在全国各行各业中率先全面对外开放，并向国际石油公司敞开大门，引进资金、技术和管理经验，汲取世界工业文明的最新成果，同时形成了中国海油“爱岗、敬业、求实 、创新”的精神文化，支撑着中国海油这条大船，驶入了扬帆远航的主航线。

中国海洋石油集团有限公司（以下简称“中国海油”“海油”），是中国最大的三家石油化工公司之一，成立于1983年2月25日。中国海油的企业精神为：“爱岗、敬业、求实、创新”。

在改革浪潮中，中国海油以“敢为天下先”的改革创新精神，砥砺奋进，不断赋予石油精神新的时代内涵，逐步凝结成“爱岗、敬业、求实、创新”的新时代海油精神，激励着广大海油员工立足岗位做奉献，在建设有中国特色国际一流能源公司的征程中勇于追梦、善于圆梦。

对党忠诚、爱国奉献是石油精神的永恒本色。传承和发扬石油精神，就是要坚持党的全面领导，坚决贯彻“两个一以贯之”，把企业发展融入党和国家事业发展大局中，以中国海油集团公司“1534”总体发展思路为引领，推进“十四五”规划稳步实施，做到政治本色不变、奋斗传统不丢、创新意识不减，用“坚决听党话，一心跟党走”的绝对忠诚，肩负起新时代党和国家赋予中国海油的历史使命。

“迎难而上、敢于亮剑”是石油精神的优秀基因。传承和发扬石油精神，就是要咬定增储上产目标不动摇，大力推进“七年行动计划”。上中下游协同发展，各业务板块集中优质资源，把责任扛起来，把压力传下去，以坚如磐石的战略定力、敢于胜利的奋进姿态，压实岗位责任，一天一天盯进度，一项一项抓落实。

“锐意进取、敢为人先”是石油精神的时代特征。传承和发扬石油精神，就是要大胆解放思想，不断突破自我，勇于探索实践，以新思维、新观念、新举措解决制约高质量发展的瓶颈、改革遇到的深层次矛盾、公司治理体系和治理能力现代化建设中出现的突出问题，特别是坚持创新驱动发展，以科技创新带动全面创新，直面变局、化危为机，开创各项工作新局面。

时代演进，精神不朽。爱岗、敬业、求实 、创新——新时代海油精神正是石油精神在中国海油的根脉传承，全体海油员工筑牢“三老四严”“苦干实干”奋斗底色，广大员工在各自岗位上践行大庆精神、铁人精神，为实现“我为祖国献石油”的伟大梦想，担当、奋斗、进取。

“爱岗、敬业、求实、创新”承载着海油人统一思想、整合价值、协调行动、规范行为的重要功能。纵观中国海油的发展历程——探索与创新、碰撞与融合、开放与回归、合作与自营、提升与跨越，等等。每一阶段的奋斗历程，都展现了海油人热爱岗位、不畏艰难、求实创新、争创一流的企业精神，这种精神是中国海油企业文化核心价值观的具体体现。

海油精神文化建设与海洋石油事业的发展息息相关，从创业之初的对外合作勘探开发，到今天的自营与合作并举；从油公司体制的确立、境外融资上市，到以资本运营为中心实现油公司、专业公司、基地公司的资产重组；从实施上下游一体化的发展战略，到以双赢理念为指导，实现上产5000万吨的目标，每一次的变革和创新，既是继承和弘扬中国传统文化，创新石油文化的过程，也是吸纳西方先进经验，塑造、完善和升华海油精神文化的实践过程。

海油建设者与国家、民族命运的脉搏紧紧相连，忠实地履行了政治责任、经济责任和社会责任。

中国海洋石油总公司在20世纪90年代初分别组建了渤海公司、东海公司、南海东部公司、南海西部公司等单位，并继续深化改革、扩大开放，使中国海洋石油工业健康、快速、持续推进。总公司17个油田原油产量在1982年只有9万吨，1997年猛增到1628. 5万吨，占全国石油产量的1/10。1998年，总公司产油达到1631万吨，产天然气38亿立方米。

2020年，中国海油全年实现油气总产量1.077亿吨油当量，油品贸易量1.28亿吨，国内油气总产量6530万吨油当量，均创历史新高。公司生产成品油1171万吨，进口LNG（液化天然气）2975万吨，天然气发电量207亿千瓦时，国内天然气销量599亿立方米。[①]为祖国能源安全作出突出贡献。同时，“爱岗、敬业、求实、创新”的企业精神，也成为全国人民共同的精神财富。

如何理解“延长石油精神”？

陕西延长，这里不仅是中国石油工业的诞生地，而且孕育了“埋头苦干”精神。历经百年，薪火相传，这种精神已融入血脉，成为石油人的骄傲，并不断推动中国石油与时俱进、勇往直前。

1907年9月10日，延一井钻到81米处完井，初期日产原油1—1.5吨，宣布“延长石油官厂”成立。同年建成炼油房。中国石油工业由此萌芽，从而结束了中国大陆不产石油的历史。从此，中国大陆石油工业正式起步，经过百年的努力和发展，当年的石油官厂已经发展成为现在的大型国有企业——陕西延长石油(集团)有限责任公司。“延一井”为中国陆上第一口油井，位于延长县石油希望小学操场内，有康世恩题词“中国陆上第一口油井”纪念碑和井上抽油设备一套。

① 本资料来源：中国海油2020年度工作会议材料。

“埋头苦干”是以“自力更生，艰苦奋斗”为核心的延安精神的直接体现。1935年，刘志丹率领陕北红军解放了延长县，延长石油厂回到人民的怀抱。这一时期，延长石油人因陋就简，土法上马，生产了大量的煤油、汽油、柴油、蜡烛、油墨等产品，有力支援了抗日，被誉为“功臣油矿”。解放战争时期，延长石油厂遵照中共中央指示，组建了工人支队，用鲜血和生命保护了油厂。在中国共产党领导下，油厂广大职工修复采油、炼油设备，圆满地完成了支前任务，为中国革命的胜利建立了不朽业绩。1944年，毛泽东为延长石油厂厂长陈振夏亲笔写下“埋头苦干”四个大字，并以此来表扬和赞美延长人。[①]从此，这一评价便成为延长石油人永志不忘的矿训，成为石油儿女艰苦创业、开拓进取的精神动力。中华人民共和国成立后，延长石油人继续传承“自力更生，艰苦奋斗”的精神以及老延长的优秀传统，通过革新生产技术，解决生产过程中存在的困难和问题，1959年延长石油的原油年产量第一次突破万吨大关。

延长油矿是中国陆上发现和开发最早的天然油矿。1958年，延长油矿从石油工业部划归陕西省管理。1966年，延长油矿又从陕西省移交延安专员公署管理。20世纪60—70年代，延长石油克服资金不足、技术落

①《百年石油》编写组．百年石油[M].北京:石油工业出版社,2009,13.

后等诸多困难，大力发扬“自力更生，艰苦奋斗”的延安精神和“埋头苦干”的延长石油精神，开展技术革新，实施爆炸、压裂等增产措施，建设热裂化管式炉装置，试制“延安牌”钻机和木质吊油机，总结出“三匀一快”等钻井方法，多次刷新钻井记录，使企业在困难中得以生存和发展。延长石油胸怀全局，在坚持自身发展的同时，为克拉玛依、大庆、胜利、中原、长庆等油田输送了千余名管理干部和专业技术人才，为新中国石油工业的发展作出了重要贡献。

“开拓创新”是对延长石油优秀传统的继承和发展，是延长石油在新的历史时期大发展、大跨越的必然选择。面对全球经济发展迅猛态势，能源需求进一步被释放，经济发展对能源利用程度日益提升这一时代机遇，十万名延长石油人发扬“埋头苦干，开拓创新”的企业精神，不仅原油采炼突破亿吨、销售收入突破千亿元，成为中国西部地区首个世界500强企业，而且坚定不移地实施油气煤盐综合发展战略，走出了一条具有自身特色的发展道路。当前，延长石油驶入了科学发展的快车道，但“埋头苦干”的优良传统仍然是延长人的精神基础，是战胜一切艰难困苦的法宝。过去的埋头，是脚踏实地、不畏艰苦的实干精神，是勤勤恳恳、任劳任怨的工作态度，是爱企如家、乐于奉献的高尚品德。现在的“埋头”，是对过去优良传统的继承，要求必须低下头来，踏踏实实向老一辈石油人学习，学习他们无私奉献、顽强拼搏的精神；必须向国内外各大油田学习，学习他们的先进技术和优秀经验；必须向自然学习，尊重自然、保护自然，坚持走有序开发、科学发展的道路；必须保护环境，文明生产。在此基础上，坚持创新与发展，变革与前进相融合的经营发展思路。这一思路是新时代延长石油人应有的精神，更是目前创新发展延长石油事业的时代必然。这一精神是能创新、敢创造的延长人所独有的价值规范，也是适应当前经济发展形势、转变经济发展方式、调整产业结构的必经之路。可以说，时代赋予了延长人独有的使命。

经过1998年和2005年两次重组，延长石油走上了集团化、规模化快速发展的道路。特别是“十一五”时期以来，延长石油人抢抓战略机遇，众多新的单位加盟延长石油，一大批重点项目建成投产，全集团大力实施转型升级、结构调整，加快技术、管理集成创新，形成了集团化发展的强大合力，推动企业一年一个大台阶。2007年原油产量突破1000万吨大关，2010年销售收入突破千亿元。特别是2013年，延长石油一举进入世界企业500强，排名第464位，成为中国西部地区首家世界500强企业，树立了百年发展史上新的里程碑。2020年，集团公司共生产原油1120万吨，新增探明石油储量6000万吨，超额完成各项生产经营任务，为企业“十四五”时期健康、快速发展奠定良好基础。

1998年，国家对石油工业实行战略性重组的原则是什么？

1998年3月10日，第九届全国人民代表大会一次会议审议通过国务院机构改革方案，决定在原中国石油天然气总公司、中国石油化工总公司的基础上，对石油工业实行战略性重组，分别组建中国石油天然气集团公司和中国石油化工集团公司，按照“各有侧重、互相交叉、保持优势、有序竞争”和“上下游、产供销、内外贸一体化”原则，对石油开采、加工和成品油销售企业实行无偿划转。1998年7月27日，中国石油天然气集团公司和中国石油化工集团公司两大集团公司成立大会在人民大会堂举行。这次石油工业大重组的明显特点是：一是实行政企分开。把原来委托两大总公司行使的一部分政府行政管理职能，交由新组建的国家石油和化学工业局行使，把企业的经营自主权全部交给集团公司，使集团公司真正成为经济实体和企业法人，并进行国家控股公司的试点；二是实行上下游一体化。两大集团公司既生产经营石油、天然气，又生产经营成品油、石油化工产品，形成从资源勘探、开发到石油炼制、深度加工的产品链；三是实行产销一体化。两大集团公司既负责生产，又负责销售，在全国范围内形成销售网络，承担国内成品油市场批发业务，并走向终端销售，经营加油站；四是实行内外贸一体化。两大集团公司享有原材料和石化产品的进出口自主经营权，原来同中化公司合资的联合石油、联合石化，将成为两大集团公司的外贸窗口，由集团公司控股，并由两大集团公司分别负责经营管理；五是实行国内价格与国际价格接轨。

90 1998年、2005年，延长石油进行两次重组的举措是什么？

1998年，陕西省委、省政府决定将原来属于延安市的延长油矿管理局、延炼实业集团公司和原来属于榆林地区的榆林炼油厂合并，组建陕西省延长石油工业集团公司，成为陕西省政府直属的国有独资企业。1999年2月4日，陕西省延长石油工业集团公司在延安正式挂牌运营，迈出了陕北石油企业改革重组的第一步。

2005年9月14日，延长石油进行第二次重组，成立陕西延长石油（集团）有限责任公司，全面负责石油、天然气资源的申报登记及生产经营活动的管理，企业重大投资行为的决策，下属子公司领导班子的考核、奖励、人事任免等。公司设立董事会，下设延长油田股份有限公司（由原延长油矿管理局8个原油生产单位和延安、榆林两市14个钻采公司组成）、炼化公司（由延炼、永炼、榆炼组成）、管输公司、销售公司、财务中心等二级单位。重组从根本上解决了各县区钻采公司资质争议、资源争夺和如何规范开采等重大问题。经过重组，使百年老企——延长石油走上了科学发展的轨道，集团整体优势得到充分发挥。2007年原油产量突破1000万吨，2012年生产原油1254.8万吨，生产天然气2.56亿立方米。2012年总资产达2090亿元，销售收入达1621亿元。[①]

91 齐鲁石化乙烯一期工程的投产及重大意义是什么？

三年奋战传捷报，一朝投料颂佳音。齐鲁石化乙烯装置化工投料后，经过128小时的运行，1987年5月30日18时30分，打通全部流程并生产出合格乙烯，实现了齐鲁石化乙烯一期工程投产运行。齐鲁石化乙烯装置产出合格产品，这是继燕山、大庆之后，中国石

① 拓永祥．延油史话[M]．黄河出版传媒集团、宁夏人民教育出版社，2015，240.

油化工建设取得的又一重大成果。[①]

1987年5月31日，齐鲁石化召开了新闻发布会。中华人民共和国化学工业部、中华人民共和国计划委员会、山东省委、省政府、中国石油化工总公司分别发了贺电。6月1日，康世恩莅临齐鲁石化公司。在听取李毅中汇报后，康世恩高兴地连声说："好！好！我们就是要和外国人比一比，长长中国人的志气！"

1987年，是齐鲁石化的一个丰收年。在中国石油化工事业的记事簿上，留下了这几个难忘的日子：1987年5月19日，丁二烯抽提装置提前试车，运行14.5小时，产出合格产品，创出了国内同类装置开工到产出合格产品时间最短的新纪录。6月13日，聚乙烯装置经过12天运行，生产出合格产品，达到世界一流水平。6月19日和6月24日，丁辛醇和甲醇装置相继产出合格产品，创造了世界上开车时间最短、质量最好的纪录。7月7日，丁苯橡胶装置平稳运行，一次开车成功产出合格产品。至此，齐鲁石化乙烯一期工程投料试车历经43天，比计划提前两个月，取得了全面胜利。

① 傅百刚，丁圣光. 当年鏖战急——齐鲁石化30万吨乙烯工程开工的日子[J]. 中国石化，2016(4)：56—58.

92 江苏油田年产油100万吨有何重要意义？

1958年2月，邓小平在听取石油工业部汇报时指出："苏北如果找到油，年产100万吨，就值得大搞。"江苏油田是江苏省境内已发现油田的总称。江苏苏北盆地刘庄气田、真武油田发现后，为进一步加强江苏地区的石油勘探开发，石油化学工业部于1975年4月成立江苏石油勘探开发会战指挥部（代称为江苏油田）。7月19日，国务院副总理陈云专程到真武油田视察并指示："江苏有油，但情况复杂，要克服困难，坚持下去，就一定可以取得成果。"[①]1982年，石油工业部对江苏油田实行年产原油28万吨包干政策，1984年调整为20万吨。经过艰苦不懈的努力，1985年江苏油田原油产量超过50万吨，天然气产量达到4000多万立方米；年原油产量比1978年增加1.96倍，上缴利税增加2.55倍。

1986—1998年，江苏油田发扬大庆"铁人精神"，团结、图强、求实、创新，坚持湖中打井、雨中作业、水上采油，江上运销，依靠科技进步，加强企业管理，

①《当代中国》丛书编辑部．当代中国的石油工业[M]．北京：中国社会科学出版社，1988，572.

实现良性循环。1991年遭遇长江流域百年不遇的特大洪涝灾害，1996年长江淮河下游和洪泽湖水位暴涨给油区生产造成严重威胁，油田干群一心，把损失降到最低限度。1988—1997年，石油地质储量不断增加，石油和天然气产量节节上升。1995年，江苏油田在勘探开发20周年之际，年产原油106.4万吨，跻身于年产百万吨级油田行列，实现了邓小平的殷切期望。

93 中国石油天然气股份有限公司是什么时间改制上市的？

中国石油在完成内部重组的基础上进行改制，正式创立了股份公司。1999年10月28日，中国石油天然气股份有限公司创立大会暨首次股东大会在北京召开。大会同意设立中国石油天然气股份有限公司，并通过了《中国石油天然气股份有限公司章程》，同意公司在境外、境内发行股票上市，并立即进行有关发行与上市申请工作。同日，中国石油天然气股份有限公司首届董事会第一次会议在北京召开。1999年12月23日，国家经贸委下发《关于同意中国石油天然气股份有限公司转为境外募集公司的复函》，同意股份公司转为境外募集股份并上市的公司，同意股份公司1999年12月

3日临时股东大会审议修改通过的《中国石油天然气股份有限公司章程》。

经过精心准备，2000年4月6日和7日，中国石油天然气股份有限公司股票在纽约等地成功上市。①

94 中国石油化工股份有限公司是什么时间改制上市的?

经重组改制，中国石化集团公司分成上市部分和非上市部分。中国石化集团公司对上市部分行使出资人权利，实行控股管理；对非上市部分实行直接管理。

2000年2月21日，国家经贸委批复同意设立中国石油化工股份有限公司，同意中国石化集团公司以独家发起方式设立中国石油化工股份有限公司。2000年2月22日，在中国石化集团公司总部召开了中国石油化工股份有限公司创立大会暨首届董事会第一次会议、首届监事会第一次会议。2000年2月25日，国家工商总局颁发中国石油化工股份有限公司营业执照，注册资本839亿元人民币。2000年2月28日，召开了中国石油化工股份有限公司成立大会。

①《当代中国石油工业》编辑委员会.当代中国石油工业(1986—2005)上卷[M].北京:当代中国出版社,2008,38.

2000年10月18日、19日，中国石油化工股份有限公司股票分别在纽约、伦敦等地交易所成功发行上市。

95 中国海洋石油有限公司是什么时间改制上市的?

1999年2月11日，中国海油总公司成立上市工作机构，开始上市筹备工作。1999年8月20日，中国海洋石油有限公司注册成立。中国海油作为母公司，将把海上石油勘探、开发、生产、销售等业务资产全部转让给有限公司。

2001年2月27日、28日，中国海洋石油有限公司成功在纽约（股票代码CEO）等地挂牌上市。上市筹集资金14.3亿美元，加上此前的私募，合计达到18.89亿美元。挂牌当天，在纽约收盘上涨4.68%。

2005年8月，全国人大常委会机关在人民大会堂举行“弘扬大庆精神”报告会的主题是什么?

2005年8月31日，全国人大常委会机关在人民大会堂举行“弘扬大庆精神，加强机关思想作风建设”报告会。全国人大常委会机关工作人员近1000人参加了报告会。报告会生动、具体地讲述了“三老四严”产生的时代背景、作用及在新时期的意义。在大庆油田的建设发展史上，周恩来、邓小平、江泽民、胡锦涛等党和国家领导人先后前往视察，都对“大庆精神”“铁人精神”和“三老四严”传统给予高度评价。“三老四严”保证了大庆油田在艰难困苦的条件下实现了一次创业。它体现在石油工人强烈的爱国主义精神和高度的主人翁责任感上，体现在“严”字当头的思想作风上，体现在实事求是、科学求实的态度上，体现在狠抓“三基”工作上。“三老四严”是大庆油田二次创业的不竭动力，面对市场经济的严峻挑战和企业健康发展的要求，面对资源型企业实现持续发展的目标要求，面对日益激烈的国内外市场竞争，应当坚持发扬“三老四严”作风，狠抓“三基”工作，促进企业发展。[①]

① 中国石油天然气集团公司.中国石油天然气集团公司年鉴(2006)[M].北京:石油工业出版社,2006,298.

97 “铁人”王进喜纪念馆和大庆油田历史陈列馆是在什么时间落成开馆的?

值大庆油田开发建设47周年之际，2006年9月26日，蕴含着厚重的“大庆精神”“铁人精神”的“铁人”王进喜纪念馆和大庆油田历史陈列馆同时开馆，让世人重温那个时代的记忆，缅怀以“铁人”王进喜为代表的中国石油工人的豪迈气概和创业精神。

作为全国爱国主义教育示范基地和中国石油企业精神教育基地，“铁人”王进喜纪念馆和大庆油田历史陈列馆生动展现了大庆油田波澜壮阔的创业历程，真实反映了大庆油田会战的优良传统，寄托了后人对老一辈石油创业者的无比敬仰。“铁人”王进喜纪念馆坐落在大庆市让胡路区，分铁人纪念馆、二次创业馆、石油科普馆三部分，综合运用了大型雕塑、灰像蜡像、景观复原、动态模型等先进的展览形式，是集大庆地区、石油石化企业形象与实力展示和石油科普知识展览于一体的综合性纪念馆。大庆油田历史陈列馆位于大庆市萨尔图区，原为大庆石油会战的指挥部，是国内第一个石油工业题材原址性纪念馆，馆内分为九个展厅，全面展示了大庆油田的辉煌历程和传统文化。

2009年6月，胡锦涛视察大庆油田1205钻井队时所说的“激励我们不畏艰难、勇往直前的宝贵精神财富”指的是什么？

指的是“大庆精神”。

2009年6月26日至28日，中共中央总书记、国家主席、中央军委主席胡锦涛视察黑龙江大庆、绥化、哈尔滨等地。胡锦涛来到“铁人”王进喜工作过的1205钻井队作业现场，健步登上钻塔操作台，仔细察看正在运转的钻机，还走进值班宿舍了解职工野外作业时的生活情况。胡锦涛对大家说，与50年前相比，现在的条件已经有很大不同，但大庆精神始终是激励我们不畏艰难、勇往直前的宝贵精神财富。希望大家高扬钢铁1205钻井队的旗帜，发扬优良传统，继续艰苦创业，为我国石油工业发展作出新的更大贡献。

石油工人们激情满怀地唱起歌曲《踏着铁人脚步走》，表达继承和发扬“铁人精神”、为祖国建设加油的决心。

2009年10月18日，胡锦涛在哪个油田对广大职工提出要发扬“铁人精神”？

2009年10月18日，中共中央总书记、国家主席、中央军委主席胡锦涛到位于山东省东营市的中国石化胜利油田垦东12区看望一线工人。胡锦涛考察了海油陆采工程，亲切看望了在该区生产施工的一线职工，对油田广大职工迎难而上、勇于登攀，取得石油勘探开采技术的重大突破表示赞赏，并寄语油田干部职工，发扬铁人精神，学习身边典型，朝着“百年创新，百年胜利”的目标前进，不断创造胜利油田新的辉煌。[①]

100 在大庆油田发现50周年庆祝大会上提出的“大庆精神”“铁人精神”的主要内涵是什么？

习近平在大庆油田发现50周年庆祝大会上指出，大庆油田的开发建设，铸就了以爱国、创业、求实、

①《中国石油化工集团公司年鉴》编委会．中国石油化工集团公司年鉴(2010)[M]．北京：中国石化出版社，2010，220.

奉献为主要内涵的"大庆精神""铁人精神"，造就了一支敢打硬仗、勇创一流的优秀职工队伍，涌现了"铁人"王进喜、"新时期铁人"王启民等不少在全国很有影响的先进典型，形成了团结凝聚百万石油人的强大精神动力，集中展现了我国工人阶级的崇高品质和精神风貌。"大庆精神""铁人精神"已经成为中华民族伟大精神的重要组成部分，永远是激励中国人民不畏艰难、勇往直前的宝贵精神财富。[①]

101 在大庆油田发现50周年庆祝大会上提到的"大庆的实践启示"有哪些？

习近平在大庆油田发现50周年庆祝大会上指出，大庆的实践启示我们，国有企业的发展和进步，必须同国家和民族的命运紧紧联系在一起。大庆油田从诞生时起就坚持党的领导，听从党的召唤，就与祖国同呼吸、共命运，始终高唱"我为祖国献石油"的主旋律，充分体现了社会主义制度能够集中力量办大事的优越性。当年的大庆会战，正是抽调国家各部门、全

① 新华社．习近平：结合新的实际大力弘扬大庆精神铁人精神[EB/OL]．中央政府门户网站，http://www.gov.cn/ldhd/2009-09/22/content_1423543.htm. 2009-9-22.

国各省区市和人民解放军的大批力量，集合全国200多个工矿企业、科研设计单位和高等院校的技术骨干，在输电线网、设备供应、技术研发、后勤保障等各个方面实行全国“一盘棋”、行业大协作，才从根本上奠定了大庆发展的坚实基础。实践充分说明，党和国家是国有企业的坚强后盾，加强和改善党的领导是国有企业健康发展的根本保障；国有企业只有坚持从全局和战略的高度谋划企业的发展，牢记使命、勇挑重任，才能切实履行好自己的经济责任、政治责任、社会责任，最大限度地实现自身的发展。

大庆的实践启示我们，国有企业的发展和进步，必须坚持马克思主义科学理论的指导。国有企业是中国特色社会主义的重要支柱，是我们党执政的重要基础，也是贯彻和实践党的基本理论的重要阵地。当年会战时期，大庆油田自觉学习《矛盾论》《实践论》，用辩证唯物主义、历史唯物主义的世界观和方法论统一思想，形成了“两论”起家的基本功，创造了“三老四严”“四个一样”等一整套科学管理制度和方法，并形成了优良传统，保证了油田开发建设的顺利实施。改革开放以来，大庆坚持用邓小平理论、“三个代表”重要思想以及科学发展观等重大战略思想武装职工、指导实践、推动工作，创造了新的历史条件下国有企业科学发展的成功范例。实践充分说明，马克思主义中国化的理论成果是引领国有企业改革发展的强大动力，也是解决国有企业矛盾和问题的锐利武器；国有企业要实现又好又快发展，必须结合企业实际充分发挥马克思主义科学理论的指导作用，始终保证企业沿着健康的轨道前进。

大庆的实践启示我们，国有企业的发展和进步，必须始终坚持全心全意依靠工人阶级的根本方针。工人阶级是建设和发展中国特色社会主义的主力军。大庆油田的发展史，就是一部工人阶级的艰苦创业史。在当年国家物资极度匮乏的情况下，大庆油田的广大职工以高度的主人翁责任感和强烈的历史使命感，战天斗地、拼搏奉献，谱写了一曲曲建设社会主义的激越赞歌。随着油田开发建设的不断推进，广大油田职工热情持续高昂，创造活力竞相迸发，素质能力不断提高，业绩贡献更加突出。实践充分说明，我国工人阶级始终是推动先进生产力发展和社会全面进步的根本力量，国有企业只有坚持全心全意依靠工人阶级不动摇，才能获得不竭的智慧和力量源泉，不断取得新成绩、新进步。

大庆的实践启示我们，国有企业的发展和进步，必须突出科技创新这个主题。大庆油田从一开始投入开发，就把开拓进取的满腔热情同严格的科学态度结合起来，始终注重发挥科技的主导作用，突破油田开发的瓶颈制约，把握规律、运用规律，做到科技超前15年储备、超前10年攻关、超前5年配套，从而实现了科技的有序接替和油田的良性开发。大庆油田在开发建设中，坚持解放思想、开拓创新，坚持调整结构、转变机制、完善制度，促进了企业的良性发展。实践充分说明，国有企业只有牢牢抓住科技创新这个主导因素，才能极大地解放和发展生产力；只有牢牢抓住深化改革这个关键环节，才能走上新型工业化的发展道路。

102 东方物探先锋文化和企业精神的8个字概括是什么？

东方物探先锋文化和企业精神概括为“精诚伙伴，找油先锋”。

东方物探在为国找油找气的道路上，大力弘扬以“苦干实干”“三老四严”为核心的“石油精神”，认真践行“我为祖国献石油”的核心价值观，持续打造以“精诚伙伴，找油先锋”为特质的先锋文化和企业精神，在野外极其恶劣和海外极其复杂的环境中，用智慧和汗水矢志找油，奉献社会。

103 塔里木会战精神的12个字内涵是什么？

塔里木石油人以坚韧不拔的毅力和顽强拼搏的精神，在号称“死亡之海”的塔克拉玛干大沙漠和戈壁荒滩上，建成了中国最大的天然气产区和重要的油气生产基地，造就了一支理想坚定、业务精湛、敢打硬仗、无私奉献的石油职工队伍，凝练出以“艰苦奋斗，真抓实干，五湖四海”为内涵的塔里木会战精神，谱写了撼天动地的壮丽诗篇，带动了地方经济社会快速发展。

104 长庆油田“磨刀石”精神的8个字概括是什么？

长庆油田“磨刀石”精神概括为“攻坚啃硬，拼搏进取”8个字。

长庆油田公司是中国石油的地区分公司，总部位于陕西省西安市，主营鄂尔多斯盆地油气及伴生资源的勘探、开发、生产、储运和销售等业务，工作区域横跨陕、甘、宁、蒙、晋5省（区）15个市61个县

（区、旗），勘探开发面积20万平方千米。

长庆油田工作的鄂尔多斯盆地自然环境艰苦，北部是荒原大漠，南部是黄土高原，山大沟深、沟壑纵横。水源、森林、沙地、自然保护区较多，环境敏感，安全环保风险较高。盆地油气资源丰富，品位较差，开发难度大。四十多年来，长庆油田肩负“我为祖国献石油”的崇高使命，传承“延安精神”“解放军精神”，弘扬“大庆精神”“铁人精神”，探索形成了独具特色的油气勘探开发技术系列，超前注水、水平井开发、体积压裂、一体化集成撬装设备等技术和工具的集成创新，助推“三低”油气藏开发取得重大突破。创新形成标准化设计、模块化建设、市场化运作、数字化管理模式，实现了管理方式、生产方式、组织方式的深刻变革，提高了企业管理现代化水平。党的建设、班子建设和队伍建设全面加强，矿区保持和谐稳定，员工生产生活条件持续改善，长庆油田荣获“全国先进基层党组织”称号。2013年长庆油田油气当量突破5000万吨，建成国内最大的油气田，2014年油气当量突破5500万吨，2015年完成油气当量5466万吨，其中原油2480.8万吨，天然气374.6亿立方米，连续三年实现油气当量5000万吨以上稳产。

在推进持续稳产和提质增效的新阶段，长庆油田将再接再厉，勇挑重担，为中国石油开创建设世界一流综合性国际能源公司新局面作出新的更大贡献！

105 长庆油田8个字的“好汉坡”精神是什么？

长庆油田“好汉坡”精神归结为8个字，即“艰苦创业，勇攀高峰”。

长庆安塞油田的王三计量站管辖的10多口油井都在海拔1300多米高山之巅，山顶到沟底高度100多米。由于王三计量站地处一条山沟，两山相靠、深涧相连，山势险峻、沟壁陡立，坡度有70多度，坡上植被稀少，全是虚浮的黄土。人要爬着上山，稍有闪失，便会滚下几十米深的石涧，因此它被称为“阎王坡”“无人沟”。当地群众流传着这样的顺口溜：“上了‘阎王坡’，十人九哆嗦。从上往下看，吓得魂魄落。”

为保证山顶11口油水井的正常生产，当时站上的采油工只好沿着羊径登山，每天都要爬上这面陡峭的山坡巡护山顶的油井。久而久之，员工就自称为爬坡好汉，好汉爬的坡就成了好汉坡。

在长庆油田，可以说每一个油气田都是一道“好汉坡”，每一项技术创新都是一道“好汉坡”。“好汉坡”精神已延伸到长庆千里油气区的每一个角落，延伸到每一位长庆石油人的血液里，成为促进长庆油田年产5000万吨油气当量持续稳产和高质量发展的无穷动力。

 侯祥麟院士的生平与事迹有哪些？

侯祥麟（1912年4月4日—2008年12月8日），广东省汕头人，中国化学工程学家，燃料化工专家，中国科学院资深院士，中国工程院资深院士。

侯祥麟1935年毕业于燕京大学化学系，1938年加入中国共产党，1945—1948年就读于美国卡内基理工学院化学工程系，获博士学位。1950年回国历任清华大学化工系教授兼燃料研究室研究员，中国科学院大连工业化学研究所研究员、代室主任，石油管理总局炼油处主任工程师，石油工业部生产技术司副司长，石油科学研究院副院长、院长，石油化工科学研究院副院长、代院长兼党委书记。1978—1982年任石油工业部副部长，主管科技工作，兼管炼油生产。后任石油工业部科技领导小组副组长、科技委员会主任委员，中国石油化工总公司第一届技术经济顾问委员会首席顾问、第二届委员会常务副主任，并任国务院学位委员会委员，国家科委发明评选委员会委员。曾当选为中共第十二次代表大会代表，第五届、第六届全国政协常委，中国科学院第一届主席团成员，中国石油学会第一届、第二届理事长。主编了《中国页岩油工业》一书。

侯祥麟是中国炼油技术的奠基人和石油化工技术的开拓者之一，组织领导和指导支持了大量科技攻关，为国家填补了石油石化领域的许多重大科技空白，解决了石油石化产业发展中的许多重大问题，提出了许多事关国家科技进步和长远发展的重要建议。2005车8月16日，在北京人民大会堂小礼堂隆重举行了侯祥麟先进事迹报告会。[①]

2008年12月8日，侯祥麟因病在北京逝世，享年96岁。

107 闵恩泽院士的生平与事迹有哪些?

闵恩泽（1924年2月8日—2016年3月7日），四川成都人，石油化工催化剂专家，中国科学院院士，中国工程院院士，第三世界科学院院士，英国皇家化学会会士，2007年度国家最高科学技术奖获得者，感动中国2007年度人物之一，是中国炼油催化应用科学的奠基者，石油化工技术自主创新的先行者，绿色化学的开拓者，中国石油化工股份有限公司石油化工科学

① 中国石油天然气集团公司．中国石油天然气集团公司年鉴(2006)[M]．北京：石油工业出版社，2006.

研究院高级顾问，被誉为“中国催化剂之父”。

1946年，闵恩泽毕业于国立中央大学；1951年，获美国俄亥俄州立大学博士学位；1955年，闵恩泽夫妇在朋友的帮助下，取道香港，历尽波折，终于回到了中国，进入石油工业部北京石油炼制研究所工作，从此开始了发展中国炼油工业和研制催化剂的人生历程。2011年，一颗小行星被永久命名为“闵恩泽星”。2013年，他个人捐资400万元，中国石化捐资800万元，由中国工程院和中国石化联合设立“闵恩泽能源化工奖基金”。

2016年3月7日，闵恩泽先生因病于北京逝世，享年93岁。

108 2020年12月，胜利油田的哪三口井被列入第四批国家工业遗产名录？

2020年12月17日，胜利油田创业初期的三口“功勋井”——华8井、营2井和坨11井被列入第四批国家工业遗产名录。

华8井是胜利油田的发现井。1961年4月16日，位于山东省广饶县辛店公社东营村（现属东营市东营区）东南1500米处的华8井喷出工业油流，标志着胜利油田的发现。华8井的成功打破了西方“海相生油”的垄断，再次验证了陆相生油理论的正确性，宣告了“华北无油论”的失败。2018年，胜利油田将4月16日定为优良传统教育日。

营2井是油田初期称谓“九二三厂”的命名井。1962年9月23日，营2井喷出工业油流，用直径15毫米油嘴求产，日产原油555吨，这是当时全国日产量最高的油井，胜利油田早期称“九二三厂”就是因此命名的。

坨11井是中国第一口千吨井，也是胜利油田的命名井。1965年1月25日，坨11井日产原油1134吨，这是全国第一口千吨高产井。为庆祝和纪念石油会战首战取得的巨大胜利，会战工委拟将“九二三厂”更名为“胜利油田”。1971年6月11日，中共山东省委正式批准将“石油工业部九二三厂”更名为“胜利油田”(《鲁发〔1971〕49号》)。1974年9月29日，新华社首次对外宣布：在中国渤海湾地区建起又一个大油田——胜利油田。30日,《人民日报》头版发布了《我国建起又一大油田——胜利油田》。

胜利人胸怀“我为祖国献石油”的壮志与豪迈，一路走来，闻油则喜、为油而战、自觉加压、永不言败，这就是不屈的胜利风骨。

109 柴达木石油精神的基本内涵是什么?

柴达木石油精神的基本内涵是“顾全大局的爱国精神，艰苦奋斗的创业精神，为油而战的奉献精神”。

顾全大局的爱国精神，是青海石油人在几十年的柴达木石油勘探开发中，把个人、油田和国家的命运联系在一起，时刻以国家和油田利益为重，个人服从油田，油田服从国家的体现。60多年来，青海油田员工把国家利益放在首位，个人利益服从国家利益、集体利益，是青海石油人顾全大局的爱国精神的一个重要表现。青海石油人的主人翁精神不仅仅表现在青海石油员工以国家大局为重的爱国主义思想，还体现在爱国如爱家的思想和自觉自愿的奉献精神。长期以来，青海油田广大员工从满足国家经济建设的大局需要出发，以高度的政治热情积极进行油田开发，把完成上级下达的产量指标当作一项必须完成的政治任务来抓，无论困难多大，生产条件多复杂，都坚持把生产放在第一位，采取一切措施，完成生产任务。为了保证党的路线、方针、政策在企业中贯彻落实，青海油田始终注意加强和改善党的领导，把它作为培育和弘扬柴达木石油精神的关键，在党的建设方面创造出了许多有益的经验。

艰苦奋斗的创业精神，体现在青海油田各级党组织一直把“攻坚啃硬，知难而上”作为培养队伍作风的要求，并作为基层队伍的基本素质来抓，使石油工人吃苦耐劳、不怕困难的优良品格和精神一直保持了下来；勇攀科学技术高峰，敢于攻克制约生产中技术难题的科学攻坚精神；降本增效，节约挖潜，从严要求，强化队伍的作风建设等。保持乐观向上的精神状态，正如诗中所写“艰苦为荣，野战为乐，四海为家，石油为业”。

为油而战的奉献精神，体现为不讲条件，顾全大局，甘愿牺牲；脚踏实地，立足本职工作，默默奉献的行动和意识。求实创新的科学态度，求实就是实事求是，讲求科学。其关键是始终坚持解放思想、实事求是、与时俱进的思想路线。牢固树立科学技术是第一生产力的思想，同时加强关键技术的研究开发，保护自有知识产权，努力把科研成果转化为现实的生产力，不断提高企业的核心竞争力。柴达木石油精神是青海油田60多年来发展的历史总结，是青海石油人在几十年艰苦奋斗中创造的一笔精神财富，是促进青海油田从无到有、从小到大，不断向前发展的内在文化动力。

110 郝振山为什么被誉为“海上铁人”？

郝振山，男，汉族，中共党员，1969年出生，山东东营人，中国海洋石油集团有限公司中海油田服务股份有限公司湛江分公司党委书记、总经理。他坚守“我为祖国献石油”初心，30年扎根海上一线，从不甘人后，凭借真功夫成为我国半潜式钻井平台上顶替外方司钻的第一个中国人；他勇于管理创新，打造海上钻井铁军，在海外擦亮中国名片；他矢志不渝，长期奋战在一线，为推动我国海洋石油工业发展作出了积极贡献。2010年我国建成“海上大庆油田”，他当选全国劳动模范，“海上铁人”的称号广为传扬；2011年被中宣部列为全国15位重大宣传典型之一；2017年作为少数来自生产一线的工人代表列席党的十九大；2018年当选第十三届全国政协委员。2019年9月25日，“海上铁人”郝振山被授予“最美奋斗者”荣誉称号；2021年5月，被党中央公示为全国优秀共产党员拟表彰对象。

 2012年5月9日，中国海油在中国南海水域首次独立进行深水油气勘探的是哪座钻井平台?

2012年5月9日，中国海油在中国南海水域首次独立进行深水油气勘探的是“奋进号”钻井平台。

中国海油拥有“奋进号”的多项自主创新知识产权，整合了全球一流的设计理念和一流的装备。“奋进号”在深水平台定位技术和自动化技术等方面取得了一批创新成果与专利，创造了最大可变载荷、最高锚链强度、最先进水下防喷器系统等6项“世界首次”和首次研发液压铰链式高压水密门装置、首次应用远海距离数字视频监控应急指挥系统等10项“国内首次”。“奋进号”平台稳性和强度按照南海恶劣海况设计，能抵御200年一遇的台风。该平台可在中国、东南亚、西非等深水海域作业，设计使用寿命30年，入级美国船级社（ABS）和中国船级社（CCS）。

“奋进号”的建成，填补了中国在深水装备领域的空白，使中国跻身世界深水装备的领先水平，标志着中国在海洋工程装备领域已经具备了自主研发能力和国际竞争能力。

“奋进号”的首钻过程通过中央电视台新闻频道进

行了直播，新华社、《人民日报》《科技日报》《经济参考报》《环球时报》等媒体对此进行了广泛报道，引起了海内外强烈关注。

大庆油田高含水后期4000万吨以上持续稳产高效勘探开发技术的成就是什么？

大庆油田从一开始投入开发，就把开拓进取的满腔热情同严格的科学态度结合起来，始终注重发挥科技的主导作用，突破油田开发的瓶颈制约，把握规律、运用规律，做到科技超前15年储备、超前10年攻关、超前5年配套，从而实现了科技的有序接替和油田的良性开发。大庆油田在开发建设中，坚持解放思想、开拓创新，坚持调整结构、转变机制、完善制度，促进了企业的良性发展。实践充分说明，国有企业只有牢牢抓住科技创新这个主导因素，才能极大地解放和发展生产力；只有牢牢抓住深化改革这个关键环节，才能走上新型工业化的发展道路。大庆油田围绕“持续有效发展，创建百年油田”的战略，积极开展科技管理创新实践，创造了石油工业的“三个第一”，即原油产量第一，上缴利税第一，原油采收率第一。自1976

年起实现年产原油5000万吨以上连续高产稳产27年。2003—2012年，连续保持年产原油4000万吨以上。大庆油田依靠三代自主创新技术，1995年石油产量达到5600万吨，实现了5000万吨以上20年长期高产稳产，之后，油田进入产量递减阶段。按当时的资源和技术预测，到2009年产量将下降到3000万吨以下。为满足国家对石油的迫切需求，大庆油田提出4000万吨以上高产稳产新目标。要实现这一目标，必须通过技术创新解决四大难题：一是高度分散剩余油准确描述与精细挖潜技术；二是聚合物驱在中低渗透油层大幅提高采收率技术；三是松辽盆地老探区寻找新的规模储量技术；四是超大容量多样化注采液处理技术。经过十多年持续攻关，形成了大庆油田新一代技术体系，实现了十多年4000万吨以上高产稳产。

“大庆油田高含水后期4000万吨以上持续稳产高效勘探开发技术”获2010年度国家科学技术进步奖特等奖。主要完成单位：大庆油田有限责任公司、中国石油勘探开发研究院、大庆石油学院、中国石油大学（北京）、中国地质大学（武汉）、清华大学、山东大学。

四川盆地普光特大型超深高含硫气田安全高效开发技术及工业化应用的成就是什么？

四川盆地普光大型高含硫气田是中国国内发现的特大规模海相整装气田之一，是国家“十一五”重大工程—“川气东送建设工程”的主供气源，普光气田的开发对改善能源消费结构、提高能效和保护环境有着重要的意义。普光气田具有气藏埋藏深、地形复杂、含气井段长、高含硫、中含二氧化碳、不含凝析油、具有边底水等特殊性。特别是气田硫化氢摩尔含量平均达到15.2%，属于超高含量硫化氢气田，是当时中国已探明气田腐蚀环境最恶劣的气田之一。与常规气藏开发相比，由于硫化氢为剧毒、高腐蚀气体，造成开发这类高含硫气田面临十分突出的安全、防腐、环保问题。加上国内在高含硫化氢气藏开发方面还没有成功经验，无成熟的开发经验可供借鉴，气田开发面临安全、关键管材和装备的国产化、缺乏开发高含硫气藏的理论、技术和人才等四大方面的问题。针对普光气田开发建设的困难和技术难题，“十一五”期间，国家科技重大专项《大型油气田及煤层气开发》设置了项目《高含硫气藏安全高效开发技术》，围绕制约高含硫气藏开发的技术瓶颈进行攻关。通过三年多的努力，完成了全部合同任务，实现了合同要求的预期成果，初步形成高含硫气藏开发配套技术。通过自主研发、引进吸纳和集成创新，初步形成高含硫气藏开发配套技术，为“十一五”期间普光气田建成天然气年产能100亿立方米提供理论指导与技术支撑。

“特大型超深高含硫气田安全高效开发技术及工业化应用”获2012年度国家科学技术进步奖特等奖。主要完成单位：中国石化中原油田分公司、中国石化工程建设公司、中国石化石油勘探开发研究院、西南石油大学、中国安全生产科学研究院、中国石油大学（北京）、长江大学、宝山钢铁股份有限公司、天津钢管集团股份有限公司、北京航天动力研究所。

114 “十五”和“十一五”期间，中国海油开展勘探开发科技创新体系建设的内容和成果，概括起来有哪些？

立足于中国的能源发展战略、海洋强国战略和自主创新战略，中国海油加大科技创新力度，从小到大走出了一条具有中国海油特色的科技发展之路，为保障国家能源安全、维护中国海洋权益、带动相关产业发展作出了贡献。针对技术难题多、核心技术少、高端引进难、研发体系散、创新人才缺、创新投入少等挑战，中国海油提出“建设国际一流能源公司”的宏伟目标，并将“科技领先”作为公司四大发展战略之一。围绕着这个目标，公司建立起与国际一流能源公司相适应的科技创新体系，锻造技术创新能力和科技核心竞争力，形成了科技创新的组织体系、管理体系和技术体系，构建起以国家和总公司重点实验室为核心、以国家和总公司级工程技术中心为主体、以所属单位工程技术中心为依托、以知名科研院所为外援的产学研用一体化自主创新平台。科技创新力量持续增强，研发人员由2005年的751人壮大到2009年的2450人，32人获聘总公司级专家。2010年12月19日，中国海油油气年产量首次突破5000万吨油当量，相当于建设了一个“海上大庆油田”。技术创新使企业整体实力大幅提升。“十五”和“十一五”期间，全国石油产量增量的一半以上来自海上。从资产规模来看，公司以不到十年的实践就再造了4个中国海油。2003—2010年，公司共获国家科学技术进步奖10项、省部级科学技术进步奖70多项，建立起了完整的海洋石油工业标准体系和具有自主知识产权的海洋油气勘探开发工程技术体系，并立足自主创新，研发、掌握了一批重大关键技术，近海300米以内水深的海上油气勘探开发工程技术总体水平达到国际先进水平。在此体系带动下，中国海油成功探索并实践了一条从技术引进、发展到引进与集成创新相结合，进而实现在引进集成的基础上有选择地加大原始创新，以支撑和引领企业高效高速发展的科技创新道路，支撑建立起具有中国特色的现代海洋石油工业体系，支撑了中国海油实现由国内走向国际、由浅水走向深水两大历史性跨越。中国海油科技创新在发展自身的同时，推动了石油科学、海洋工程、海洋环境保护等领域里的技术发展，带动了造船、机械、钢铁、电子、环保等行业的技术进步，促进了沿海地区的经济发展。

"中国海洋油气勘探开发科技创新体系建设"获2010年度国家科学技术进步奖一等奖。

渤海油田的12个字精神是什么？

渤海油田的12个字精神是"敢于突破，科学求实，追求卓越"。渤海油田精神，是海油文化的重要组成部分，是"石油精神"的传承和具体体现。

渤海油田是中国海上最大的油田，基地设在天津塘沽。渤海油田的开发，在中国海洋石油工业发展史上具有重要的地位，它是在中国海域最早从事开发建设和实验生产，并最早同外国石油公司进行合作，在改革开放中获得迅速发展的油田。

1967年，我国海上第一口探井“海一井”出油，拉开了渤海油田生产史的序幕，也标志着渤海油田正式进入了现代工业生产阶段。1975年，渤海油田产量只有8万立方米，到2004年首次达到1000万立方米。“十一五”时期以来，渤海油田更是得到快速发展。2006年，实现了年产量超1500万立方米；2009年，渤海油田产量又突破了2000万立方米大关。2010年，渤海油田再上新台阶，实现了油气产量3000万吨的历史新跨越，达到3005万吨，这一产量占中国海油国内总产量的60%。

2020年3月18日，中国海油宣布，我国最大海上油田——渤海油田油气勘探又获大发现：位于渤海莱州湾北部的垦利6-1-3井，共钻遇约20米厚油层，测试单井原油年产量可达40余万桶。这是莱州湾北部地区首个大型油田。

渤海油田发展史，就是一部艰苦创业史，一部奋斗史，它的发展历程就是渤海石油人矢志不渝坚持“我为祖国献石油”的历程，就是初心不改坚持“在经济领域为党工作”的历程。无论什么时候，渤海石油人始终坚持党的领导，听从党的召唤，时刻与祖国同呼吸、共命运。无论哪个时期，都会以高度的主人翁责任感和强烈的历史使命感，融入国家发展战略，服务和服从中央的战略布局，毫不松懈地履行“我为祖国献石油”的初心和使命。

116 为什么说"石油精神"是习近平新时代中国特色社会主义思想在石油工业中的具体应用?

习近平总书记指出,"只要精神不滑坡,办法总比困难多""我们从来都是在压力和挑战中前进的,也一定能继续在压力和挑战中不断前进",强调要大力弘扬以"苦干实干""三老四严"为核心的"石油精神"。[①]中国石油工业以习近平新时代中国特色社会主义思想为指导,大力弘扬"石油精神",从清除政治雾霾、净化政治生态的重大考验中走来,坚决肃清恶劣影响;从坚持党的建设和党的事业同步推进的重大部署中走来,全面从严治党的氛围更加浓厚;从适应新常态、应对低油价的重大压力中走来,大力实施资源、市场、国际化和创新四大战略;从深度融入"一带一路"倡议的重大机遇中走来,打造油气丝绸之路的战略支撑更加有力;从持续突破体制机制束缚的重大挑战中走来,全面深化企业改革的举措更加稳准;从弘扬石油精神重塑良好形象的重大期盼中走来,中国石油工业

①《石油精神—文献石油 70 年》编写组.石油精神——文献石油 70 年[M].北京:石油工业出版社,2020,1.

的强大正能量更加凝聚。石油工业之所以能够面对特殊考验而不自乱阵脚，面对严峻形势而不手足无措，面对诸多压力而不迟疑动摇，就是因为全面落实习近平总书记要求，把弘扬“石油精神”和贯彻治国理政新理念、新思想、新战略充分结合起来，保持定力、坚定信心，撸起袖子加油干。

新时代，中国石油工业蓬勃发展的现实充分说明了“石油精神”就是习近平新时代中国特色社会主义思想在石油工业的具体应用。

117 “石油精神”传承的必要性和重大意义是什么？

大力开展传承“石油精神”专题教育，意义深远。“石油精神”是在中国石油工业百年发展历程中广大石油工人以“爱国救国”精神，通过舍身忘我、战天斗地形成的宝贵精神财富，是石油人用热血、汗水和忠诚浇铸的一座不朽的丰碑，是指引和激励石油铁军矢志报国、奋发有力、干事创业的精神宝典，是一代又一代石油工人接力奋斗的文化积淀，是石油石化战线的立身之本、创业之魂，也是国有企业核心竞争力和独特文化优势的高度浓缩与凝练。进入新时代，中国石油石化产业正处于转型升级、爬坡过坎的关键时期，推动石油工业高质量发展，建设世界石油工业强国，越发需要优秀精神文化的支持，需要培养大批新时代具有“铁人精神”的干部职工，需要“筑牢信仰之基、补足精神之钙，把稳思想之舵”。大力弘扬“铁人精神”，要真正做到“四铁”标准，即“铁志守初心，铁肩担使命，铁纪严要求，铁心跟党走”。大力弘扬“石油精神”，务必要自觉提高政治站位，迅速把习近平总书记关于石油工业的重要指示批示精神转化为广大职工干事创业的生动实践。当前，紧迫的政治任务是以“石油精神”对广大职工进行深刻有效的思想洗礼、灵魂净化、作风锤炼，塑造共同价值观。要加强教育引导，把“石油精神”纳入党委中心组学习、党支部“三会一课”、培训课程、职工岗前学习等范畴，作为日常思想教育的一部分，实行常态化运行，尤其要做好新入职青年职工传统教育，植入优秀基因，扣好职业生涯“第一粒扣子”。要把“学”和“改”有机结合起来，深入开展“在优良传统上我们丢掉了什么，对比先进典型我们缺少什么”大讨论，切实把思想上、作风上的问题找准找实，做到边学边改、学用结合。要坚持典型引路，高唱新时代奋斗者之歌，学习好、宣传好先进人物的事迹，讲好新时代铁人、时代楷模、劳模工匠等类典型故事，发挥好示范引领作用。

新时代弘扬伟大的“石油精神”，首先要认真学习、深刻领会习近平总书记对“石油精神”“大庆精神”“铁人精神”作出的重要指示批示精神。习近平总书记的重要讲话、贺信和指示批示，充分体现了对石油石化人的亲切关怀，向广大职工发出了不忘初心、牢记使命、永远奋斗的动员令。每一名石油石化人都要倍感自己肩头责任重大、使命光荣，要更加深刻地认识中国石油石化工业在党和国家事业发展中的地位和作用，更加坚定地牢记和践行初心使命，更加积极地服从服务国家战略，自觉从“大庆精神”“铁人精神”中汲取营养、自觉传承石油精神，凝聚干事创业强大力量，以打造世界一流能源企业、建设世界能源强国的实际行动做到“两个维护”。

118 如何做好“石油精神”的传承？

在新时代，如何做好“石油精神”的传承？任何一种精神的产生都有其特定的时代背景。大力弘扬以“苦干实干”“三老四严”为核心的“石油精神”，深挖“石油精神”形成的历史背景和时代内涵，关键在于准确把握时代新要求、石油新使命，找准当前攻坚克难的目标任务。传承“石油精神”，必须牢牢把握“苦干实干”“三老四严”这一核心，紧紧围绕“爱党、创新、超越、奉献”传播点进行排浪式扩散、滚动式延展。

传承“石油精神”，要紧密结合实际，坚持实事求是，从全局出发，从时代出发，服务国家重大战略。要着力与推动从严治党、供给侧结构性改革、典型培育选树、价值观塑造以及持续推进重塑石油工业良好形象活动等有机结合。牢固树立“一盘棋”观念，认真贯彻新发展理念，推动央企高质量发展。要深刻认识到“石油精神”的价值和国有企业的使命。弘扬“石油精神”、传承“石油精神”，最根本的要求是忠诚于党、忠诚于国家、忠诚于石油事业，坚决听党话、跟党走，努力成为党和国家最可信赖的骨干力量。要不断增强国有经济活力、控制力、影响力、国际竞争力和抗风险能力，这是践行国企使命的基本方式。做好“石油精神”的传承与弘扬，要多措并举，共同发力，共促优良传统与作风回归。首先，石油人要继续用艰苦卓绝的实践和富有成效的业绩，为“石油精神”的丰富发展做好支撑。要坚持“苦干实干”，忠诚履行责任使命，积极服务于国家油气发展战略。其次，要真抓实干，从严治党。石油企业要以产业兴邦，就要突出一个“干”字，坚持艰苦奋斗、干事创业不停步；还要突出一个“实”字，坚持科学求实、脚踏实地不浮躁；最核心的是要落实一个“严”字，坚持全面从严治党、从严治企，严抓严管不放松。

做好“石油精神”的传承，要以成果赢民心、强基础。更加注重社会认同感、获得感和全员职工归属感、自豪感。石油企业通过服务人民能为党多赢得民心，这就是巩固党的执政基础。坚持市场化导向进一步深化改革，注重发展成果共享和公平正义，让社会和职工群众有更多获得感，理解石油企业、支持石油企业改革发展。同时，要抓住关键少数群体、加强队伍建设。坚持用习近平新时代中国特色社会主义思想武装教育党员干部群体，抓住关键少数。加强党的思想、组织、作风、反腐倡廉和制度建设，增强党的创造力、凝聚力、战斗力，打造“铁人式”党员干部队伍，造就一支敢打硬仗、勇创一流的“铁人式”石油产业大军。重点培育和发掘一批实干兴油的典范，并发挥石油英模的带头示范作用。

做好“石油精神”的传承，要用“石油精神”唤醒责任意识、激发担当精神。凝聚“加强党的建设，弘扬石油精神，重塑企业形象，推进稳健发展，深化改革创新”的高度共识，引导广大职工始终以党的事业为重，忠实履行“三大责任”，努力打造责任央企、活力央企、法治央企和阳光央企，始终把国家利益放在首位，始终做到政治本色不变、优良传统不丢、奋斗精神不减，用“坚决听党话、一心跟党走”的绝对忠诚，肩负起国有重要骨干企业的历史使命。

历史已经并将继续证明，“石油精神”永不过时，永远是引领中国石油工业砥砺前行、再创辉煌的思想动力，永远是百万石油员工苦干实干、团结奋进的精神支柱。大力弘扬“石油精神”、做好“石油精神”的传承，归根结底是要通过加强和完善党对国有企业的领导、加强和改进国有企业党的建设，在历史变革中汲取前行的精神文化力量，使中国石油企业始终以奋进的姿态活跃在世界舞台，成为党和国家最可信赖的依靠力量，为实现“两个一百年”奋斗目标和中华民族伟大复兴的中国梦作出新的更大贡献。

119 “石化传统”的主要内涵是什么？

“石油精神”“石化传统”是宝贵的精神财富。没有精神，任何国有企业都是办不好的。以“苦干实干”“三老四严”为核心的“石油精神”，是中国共产党人在推动伟大社会革命中创造出的宝贵精神财富，是石油石化战线的立身之本、创业之魂；以“求真务实、精细严谨、家国情怀、事争第一”为主要内涵的“石化传统”，是对石油精神的传承与弘扬，无论过去、现在还是将来，我们都要传承“石油精神”、弘扬“石化传统”，凝聚干事创业、打造世界一流的强大精神力量。“石油精神”“石化传统”的灵魂在于对党忠诚、矢志报国。

我们要继承发扬老一辈石油石化人永远听党话、跟党走的坚定信念，始终把坚持党的领导、加强党的建设贯穿于石油工业改革发展稳定的全过程。

120 新时代，如何守好“石油精神、石化传统”这个传家宝？

以“苦干实干”“三老四严”为核心的“石油精神”形成于石油工业艰难的创业初期，“石化传统”是对“石油精神”的传承与弘扬。“石油精神、石化传统”是指引石油工人拼搏奋进的精神航标，是石油工人弥足珍贵的传家宝，越是发展的关键期，越需要传家宝的精神支撑。新时代，大力传承“石油精神”、弘扬“石化传统”，就是要守好熠熠生辉的传家宝，就是要深入挖掘其时代内涵，不断拓展其外延，赋予新的生命力。

守好“石油精神、石化传统”传家宝，要深入挖掘其震撼灵魂的历史内涵。要通过观看相关影视剧、阅读有关书籍资料、演唱《我为祖国献石油》，以及邀请老同志讲述石油工业发展历程及会战史等多种形式，缅怀老一辈石油人“宁可少活二十年，拼命也要拿下大油田”“有条件要上，没有条件创造条件也要上”的顽强拼搏精神，铭记“北风当电扇，大雪是炒面，天南地北来会战，誓夺头号大油田。干！干！干！”的革命乐观主义精神，汲取“爱我中华，振兴石化”“为美好生活加油”的精神力量。

守好“石油精神、石化传统”传家宝，要开展广泛、深入的形势任务教育。受后疫情时代以及国际地缘政治的深刻影响，成品油市场险滩密布、激流汹涌。我们面临着前所未有的经营困难、创效困难，从某种程度上讲不亚于石油会战时期的艰难与险阻。要教育干部员工“在困难的时候，要看到成绩，要看到光明，要提高我们的勇气”。要保持和发扬“严、细、实”的工作作风，以及“三老四严”“四个一样”的光荣传统，团结带领干部员工艰苦奋斗、拼搏奉献。“狭路相逢勇者胜”，面对竞争对手要敢于亮剑、勇于胜利。

守好“石油精神、石化传统”传家宝，要树立新时代的王进喜式的英雄模范。石油会战期间，面对极端艰苦的生产生活条件，老一辈石油人发扬“宁可少活二十年，拼命也要拿下大油田”的顽强拼搏精神，在艰苦奋斗、拼搏奉献中培育了“严、细、实”的优良作风，形成了“三老四严”“四个一样”的光荣传统。我们曾经树立了包括闵恩泽、陈俊武等“时代楷模”和薛梅、谢存义等基层典型，影响广泛，效果深远。“江山代有才人出”，在攻坚创效时期，依然需要挖掘和选树一批具有新时期“大庆精神”“铁人精神”的典型人物，作为当代石油工人精神追求的指南针和风向标。

守好“石油精神、石化传统”传家宝，要弘扬“三老四严”“四个一样”的优良作风。面对“两个三年、两个十年”打造世界一流战略部署，我们要大力传承“石油精神”、弘扬“石化传统”，发扬“有条件要上，没有条件创造条件也要上”的实干精神、拼命精神，抢抓机遇、攻坚克难，早日实现更高水平的“振兴石化”。我们要从红色精神谱系中汲取力量，夯实应对挑战、推动发展的共同思想基础和艰苦奋斗的精神支柱，实现决胜全面可持续发展、迈向高质量发展、打造世界一流的战略部署。

121 “一带一路”倡议给石油行业带来哪些机遇与挑战?

在习近平总书记提出的“一带一路”倡议的政策和形势下，我国油气行业面临许多机遇：

一是受国际形势影响，沿途石油主要产出国的油价下跌严重，我国应借助这个机会加强与这些国家的交流合作，采购油气、发展国外投资项目，以保持相当程度的油气资源动用量，提高在国外投资油气项目的能力。

二是借助“一带一路”倡议下的雄厚资金和先进技术，大规模发展国际管道建设。我们和中亚和俄罗斯等国家建有陆地油气运输渠道。这些国际管道建设是我国油气能源合作中的重要项目，能为我国提供更多油气资源和安全有效的油气进口通道。

三是我国在油气市场体系中缺少话语权，只能被动地承受油价变化带来的损失。而“一带一路”倡议使我国在国际油气市场获得更多的话语权，参与油气价格的制定，尽可能减少油价波动时带来的损失和承担的风险。

在国内，我国钢铁等行业存在产能过剩问题，可以通过“一带一路”开辟沿线的市场。而我国油气资源依赖进口，此前的海上运输路线存在很大风险，可通过“一带一路”开辟新的路线，缓解和周边国家的关系，搁置争议、加强合作、携手发展。“一带一路”倡议还有助于我国中西部的工业和经济发展，促进地区平衡和工业安全。另外，我国改革开放进入攻坚阶段，“一带一路”可帮助推动改革的进行。在国际上，金融危机加剧，世界经济复苏缓慢，加强区域合作以推动世界经济复苏和发展成为各国共识。中国作为世界经济复苏的动力引擎，应该在国际贸易格局中发挥巨大的作用，因此习近平总书记提出的“一带一路”

倡议在国际社会上得到了广泛肯定和支持。

“一带一路”倡议确实为我国的石油行业带来了许多的机遇，但我们同时必须要重视随之而来的巨大挑战。①

一是资金支持的挑战。“一带一路”倡议中重点对油气项目进行投资，资金需求大、回收周期长、风险高，而相关沿途国家的资金供应不可靠，这就要求稳定、充足的金融支持。大量资金支持和拓宽资金渠道，是保证“一带一路”倡议顺利进行的举措和挑战。

二是政局和民族宗教的风险。“一带一路”沿线几十个国家，涉及诸多民族和宗教，倡议的施行需要政府的沟通协调和民众的理解支持。“一带一路”沿线一些国家和地区政局不稳定而时常爆发武装冲突，可能影响“一带一路”倡议的施行，而且这些不和谐因素可能对我国在外企业和员工的人身、财产安全造成巨大的危害，鉴于此，我国可借鉴国外企业应对类似风险的措施，结合我们“走出去”的经验，科学部署、妥善应对。

三是大国的竞争和挑战。中国和美国在很多领域都存在着利益竞争，在“一带一路”倡议中，中国和俄罗斯、印度等国也存在利益纠葛，我国广泛开展与

---

① 中国石油天然气集团有限公司思想政治工作部．新时代、新使命、新作为[M]．北京：石油工业出版社，2018，122.

油气资源大国的合作，在国际油气市场的影响力与日俱增，对美国的主导地位形成挑战。因此，美国本身会积极介入我国周边地区的事务，拉拢蛊惑周边国家挑衅中国。通过部署兵力，挑起主权争议等方式破坏我国的政局。

122 2020年，习近平总书记在科学家座谈会上对油气勘探有何重要指示？

2020年9月11日，中共中央总书记、国家主席、中央军委主席习近平在北京主持召开科学家座谈会上，对油气勘探作出重要指示。

他指出："当前，我国经济社会发展、民生改善、国防建设面临许多需要解决的现实问题。比如，农业方面，很多种子大量依赖国外，农产品种植和加工技术相对落后，一些地区农业面源污染、耕地重金属污染严重。工业方面，一些关键核心技术受制于人，部分关键元器件、零部件、原材料依赖进口。能源资源方面，石油对外依存度达到70%以上，油气勘探开发、新能源技术发展不足，水资源空间分布失衡，带来不少问题。社会方面，我国人口老龄化程度不断加深，人民对健康生活的要求不断提升，生物医药、医疗设备等领域科技发展滞后问题日益凸显。对能够快速突破、及时解决问题的技术，要抓紧推进；对属于战略性、需要久久为功的技术，要提前部署。”

123 李新民为什么被誉为“第三代铁人”？

在大庆油田，中国石油第三代铁人——“大庆新铁人”李新民，被誉为“铁人精神的传人”。扎根钻台近30年的他，在国内带领钢铁DQ1205钻井队扛红旗、站排头，出征海外创纪录、立标杆。

DQ1205钻井队是全国打井最多、进尺最多、获得荣誉最多、创造历史纪录最多的钻井队。2003年，当李新民成为这支钢铁钻井队的第十八任队长时迎来了新挑战。当时，油田发展对定向井、水平井等需求越来越大，而DQ1205钻井队一直没打过这类特殊工艺井。李新民主动请战，带领钻井队仅用几年时间就迅速成为一支具备多种井型施工能力的钢铁钻井队，不仅创下了用一个平台打13口定向井、平均井距只有6米的大庆油田打井纪录，还成功完成了大庆油田首口长水平段取心井施工任务，创出了全国纪录。

2006年春节刚过，李新民就带队出征海外，苏丹是第一站。刚到苏丹，他们就遇到了难题：还有14天就要开工，但运送设备的船遭遇大浪，核心设备只剩一台柴油发电机可用，根本无法满足开钻条件。李新民带领不甘心的DQ1205钻井队向甲方表示：一定会按时开钻，并保证如期完井。

在随后的几天，李新民几乎跑遍了所在区块的所有中国井队，找到了一台准备大修的柴油发电机。大家拼命干，手上全是摸设备烫的泡。在夜以继日的奋斗下，团队终于成功打完了海外的第一口井。

2009年，中国石油中标伊拉克战后第一标，中国石油海外拓展有了重大突破。2010年，李新民成了伊拉克哈法亚项目的负责人。受到战争的影响，李新民拿到手的只有哈法亚油田30多年前粗略勘探的地质资料，许多关键数据都没有。即使这样，李新民仍然带领队伍，在打第二口井时就创造了当地的钻井新纪录，比甲方的设计时间节省了19天。几口井打下来，他们就摸清了油层的分布情况，为准确认识哈法亚油田的储量、产量提供了关键依据。2013年，李新民团队的一部钻机创出了哈法亚油田分支井最快纪录。

在海外作业的十几年里，李新民带领钻井队先后刷新了当地42项新纪录，两度获得钻井施工队伍的最高荣誉“PDOC杯”。

124 陈俊武同志的主要事迹有哪些?

陈俊武，男，1927年3月出生，1949年12月参加工作，1954年4月加入中国共产党，中国科学院院士，曾任中国石化总公司洛阳石油化工工程公司经理、中国石化集团公司科技委委员，现任中国石化集团有限公司科技委顾问、中石化广州（洛阳）工程有限公司技术委员会名誉主任。

陈俊武同志是我国著名的炼油工程技术专家、催化裂化工程技术奠基人、煤化工技术专家，曾先后荣获国家科学技术进步奖一等奖（2次）、国家技术发明奖一等奖，曾被授予全国五一劳动奖章，荣获“全国优秀共产党员”“全国劳动模范”“中国工程勘察设计大师”等称号和“何梁何利基金”科学与技术进步奖。他投身中国石油石化工业七十载，为石油石化工业发展作出了突出贡献，是石化人“不忘初心，牢记使命”的杰出代表，是悟初心、守初心、践初心的先进典型。

陈俊武同志热爱祖国、忠诚事业，具有深厚的家国情怀。20世纪40年代末，陈俊武从北京大学化工系毕业。1949年建国前夕，他克服重重困难，带着母亲从台湾返回大陆，投身到国家建设中来。他怀着振兴石油石化工业的梦想，主动要求到生活条件艰苦的抚顺，从事人造石油项目设计与生产。20世纪60年代，他急国家之所急，刻苦攻关，打破外国技术封锁，带领团队完成了我国第一套流化催化裂化装置的开发和建设，催开了我国炼油技术的第一朵“金花”。他持续探索创新，主持完成的同轴式催化裂化、渣油催化裂化技术先后获得国家科学技术进步奖一等奖。20世纪90年代，他怀着为国分忧的满腔热情，将目光转向国家石油替代战略研究，指导完成了甲醇制烯烃技术工程放大及工业化推广应用，为我国煤炭资源深度转化利用开辟了全新技术路线。陈俊武同志始终以国家需要为使命，以企业发展为目标，始终涵养家国情怀，不忘初心使命，把个人命运融入国家发展伟业，为国家石油石化工业发展而不懈努力。

陈俊武同志精细严谨、精益求精，具有过硬的求实作风。他曾先后主持过多个炼油厂和上百套炼油装置的设计，开创了催化裂化工业实践的新理论和新方法。他以严谨的科学态度，深入实际，深入一线，准确计算，反复论证，力争每个项目的设计都有所创新，每次问题的解决都为日后同类装置的建设积累经验。在实践中遇到新问题，他总要用科学的方法去探究，在精细严谨的工作中寻求答案。他主编的《催化裂化工艺与工程》一书，系统总结了我国催化裂化技术的工业实践。全书在20多年间出版再版三次，内容丰富、逻辑缜密，材料数据完善翔实，荣获第八届全国优秀科技图书二等奖，受到石化行业读者的广泛好评。陈俊武同志严以治学，聚精会神，精钻细研，一丝不苟，始终以“严、细、实、恒”的作风，精细严谨地对待工作。

陈俊武同志勇于超越、开拓创新，具有强烈的担当精神。多年来，他直面制约企业发展的技术难题，自我加压，持续探索，推动了石油石化工业技术的创新发展。在抚顺石油三厂工作时，他主动承担炼油设备的技术革新任务。面对技术复杂、资料缺乏的困难，他深入考察国外先进技术，收集国内相关研究成果，结合实际，创造性应用，在催化裂化领域开创性地研发了一系列反应-再生工程技术，使催化裂化技术从跟踪模仿转变到自主创新，实现了跨越式发展。进入耄耋之年，他以科学家的责任与担当，高度关注温室气体排放和低碳经济研究，出版了《中国中长期碳减排战略目标研究》专著，为国家碳排放政策的制定、能源结构的调整、能源使用效率的提高、确保经济持续发展提出了积极的科学建议。陈俊武同志始终致力于解放思想，实事求是，敢于创新，敢闯新路，以永不懈怠的精神、时不我待的追求，迎难而上，抢占先机，引领中国石化的未来发展。

陈俊武同志淡泊名利、甘为人梯，具有高尚的人格操守。他严于律己，在住房、公务待遇等方面始终严格要求自己。他谢绝了一些正常的福利待遇，坚持步行上班近20年。大庆常压渣油催化裂化技术荣获国家科学技术进步奖一等奖，在上报材料时，他主动提出不报自己，而把课题组另一位同志纳入获奖名单。所在公司机关搬迁至广州，组织给他提供了一套住房，也被他婉言谢绝。他捐出自己的20万元授课费用于奖励优秀青年学子，还默默资助贫困大学生直到毕业。他满怀对科技队伍建设的强烈责任感，悉心培育青年科技人才。他提出采用“学分制”进行继续工程教育，勉励青年人提高基础理论水平、练好内功。他呼吁老专家们都要带“徒弟”，培养业务尖子，以形成“尖刀队形”。1992—2000年，在集团公司总部的大力支持下，他组织了多期催化裂化技术高级研修班，并亲自为研修班学员授课。这类培训班延续至今，为中国石油化工行业培养了一批高水平的技术和管理专家。

2019年1月，中国石化集团有限公司党组向全系统发出了《关于深入开展向陈俊武同志学习的决定》。7月16日，在全系统以视频会的形式召开了陈俊武同志先进事迹报告会。同年，中共中央宣传部授予其“时代楷模”称号。

125 新时期，大庆油田“三超精神”的内容是什么？

大庆油田企业文化精神是一种锐意创新、勇于超越的文化精神。大庆油田的发展史就是一部科学技术的创新史。油田开发建设以来，油田科技工作者坚持弘扬“超越权威、超越前人、超越自我”的“三超”精神，开拓创新、自主创新，攻克了一个又一个技术难题，促进了第一生产力作用的充分发挥，为油田可持续发展提供了战略支撑。可以看到，从“萨尔图流程”“万点测*K*值”“万里测温”到“六分四清”“稳油控水”技术，再到“大庆油田高含水后期4000万吨以上持续稳产高效勘探开发技术”，无不体现了这种“三超”精神。这一时期，大庆油田正处在战略发展的关键时期，他们更加深入落实科学发展观，加快转变经济发展方式，大力实施创新驱动发展战略，继续大力弘扬“三超”精神，继续保持油田科技的领先水平，全面提升企业的核心竞争力，进而继续为维护国家石油战略安全作出贡献。

126 什么工程曾荣获国资委“全国企业文化十大典范案例奖”？

2009年，胜利油田成立了心理学应用研究项目部。2011年，以“油田与心田共建，文化与文明共创”为主导，大力推进实施胜利“心田工程”。油田成立胜利心田工程项目部，指导二级单位进行心田开发实践，建立心田工作室，开展心理咨询、心理疏导和EAP培训等活动，探索形成“以价值主导心性，以愿景凝聚心力，以学习开启心智，以情感温润心灵，以调适平衡心态，以环境改善心境”的创建路径，推进胜利文化的融合与落地，涌现出海洋钻井公司“五心工作模型”、供水公司“心泉工程”等亮点成果。胜利“心田工程”荣获国资委授予的“全国企业文化十大典范案例奖”。

2016年，胜利油田启动“EAP服务一线行”活动，送课服务30余场次，千余名基层干部员工参与交流。同年，《胜利油田EAP的实践应用》被中央财经大学作为企业应用EAP教研案例。2017年，成立山东EAP委员会胜利油田分会，建立借智借力、系统提升的新平台、新机制。2018年，胜利油田启动“知心辅导员”培养计划，推动日常思想政治工作往深里做、往实里做、往心里做。

2021年起，胜利油田各单位更是加强了“党群连心卡”“居民网络群”“党群议事会”等联系服务职工、群众载体建设，打通了联系职工群众的最后一公里。

127 中国海油党建创新“五五一”工程的核心内容是什么？

实施党建“五五一”工程是中国海油党建创新的重要成果之一，其核心内容是：通过做好“五个方面”工作，即执行中央方针政策，发挥保证、监督作用；加强精神文明建设，发挥政治领导作用；参与企业重大决策，发挥促进发展作用；带领职工办好企业，发挥团结凝聚作用；做好群众组织工作，发挥领导协调作用，来发挥党委的政治核心作用。通过做好支部工作“五到位”，即健全组织，支委工作到位；完善制度，依章办事到位；模范带头，完成任务到位；联系群众，思想工作到位；严格管理，督查工作到位，发挥党支部的战斗堡垒作用。通过开展“一个党员一面旗帜”活动，发挥党员的先锋模范作用。

128 哪家培训机构是中央组织部确定的国有企业唯一一家“全国党员教育培训示范基地”？

大庆油田铁人学院是中央组织部确定的国有企业唯一一家“全国党员教育培训示范基地”，是一所集人才开发、人才培训、党员教育、国有企业基层党组织带头人及产业工人领军人才培养于一体的专门研训基地。铁人学院于2018年3月正式挂牌运营，截至2020年，共举办培训班800余期、培训60000人次；成功举办中央组织部、国务院国资委、全国总工会、中国石油天然气集团有限公司、黑龙江省等一批示范项目；深入开展党建研究，确立集团公司级课题12项、省级课题2项；从中央到地方、从国企到民企、从油田内到油田外、从送培单位到受训学员，均对学院给予了高度评价。很多学员通过培训，将“大庆精神”“铁人精神”传播到本单位，转化为推动发展的内生动力，有力促进了学院品牌向全国延伸。

中国石油、中国石化、中国海油为国家全面脱贫战略的实施主要履行了哪些社会责任?

进入“十二五”时期，中国石油扶贫帮困承上启下，2011年继续在新疆、西藏、贵州、江西、青海、河南、重庆的13个县（区）开展定点扶贫与对口支援。当年投资5100万元，援建23个项目，力求解决贫困地区居民最关心、最直接、最现实的民生问题。在定点扶贫贵州习水县、江西横峰县，各投入200万元，用于援建通寨道路等。2011年11月，中国石油获得国务院扶贫开发领导小组授予的“全国扶贫开发先进集体”荣誉称号。2012年，在贵州、江西、河南等地开展定点扶贫，保障和改善当地人民生活；在江西横峰县，援建全长8.5千米通村道路，解决周边近2万人、5所中小学近千名师生的出行难问题，促进农产品运输及区域资源开发；在贵州习水县援建的龙马公路竣工通车，实施黔北民居危房改造工程、解决2千多人生活问题；在河南范县援建安全饮水工程，解决7个村近2万居民的饮水安全。对口支援西藏双湖、青海冷湖、重庆开县，帮扶福建长汀取得进展。在宁夏、黑龙江、甘肃、海南、四川、内蒙古、河北等省（自治区、直辖市）

的贫困地区，开展兴建新村、筑路修渠、助残帮扶、帮学助教、建设文化体育设施等多项扶贫项目。是年，扶贫帮困投资2.63亿元，被国务院国资委授予“中央企业扶贫开发先进单位”称号。2014年，中国石油积极响应中国政府为支持联合国千年发展目标而提出的“消除贫困、改善民生，实现共同富裕”的号召，努力为国家实现减贫目标贡献自己的力量；落实国家定点扶贫和对口支援的部署，以开展业务所在地扶贫援助为主线，持续支持经济落后地区的发展；以提高受援地可持续发展能力为重点，将扶贫开发与合作相结合，实施“智力、产业、民生”三大扶贫工程，在19个省（自治区、直辖市）投入资金2.07亿元，取得明显的经济效益。2015年，结合公司业务和受援地资源、市场优势，通过技能培训、供应链延伸等促进和提升当地自我发展能力，在新疆、西藏、青海、河南、江西等20多个省（自治区、直辖市）投入资金3.41亿元，实施基础设施改造、教育培训等社会公益项目，受益人数过亿。2011—2015年，中国石油扶贫帮困资金投入12.78亿元，年均2.56亿元。2016年，连续第11年发布社会责任报告，并发布行业内首部扶贫开发社会责任专题报告——《中国石油扶贫开发（2006—2015）企业社会责任专题报告》。2017年，在新疆定点扶贫县中的巴里坤哈萨克自治县、察布查尔锡伯自治县、托里县、青河县，通过国家专项评估检查，实现脱贫。2018年，中国石油发布了《中国石油企业社会责任报告》。

中国石化积极履行社会责任，2011年在安徽颍上、岳西和湖南泸溪、凤凰等4个定点扶贫县投入资金1280万元，实施扶贫项目15个，其中修建通村水泥路11条52千米，完成劳动力转移培训1800人，资助家庭贫困的优秀大学生和高中生1257人，完成修建桥梁、建设人畜饮水、资助建设蔬菜大棚等扶贫项目。援藏投入资金2786万元，实施完成项目9个，有力促进了班戈县经济社会发展和民生的切实改善。2014年，在安徽、湖南投入扶贫资金7749万元，完成扶贫项目31个；在甘肃东乡县投入扶贫资金5500万元。援藏援青投入资金3750万元，从多个方面提高了当地百姓的生活环境和质量；10月，出资建设的青海茫崖行委文体活动中心竣工，为当地百姓提供了舒适的室内文体活动场所。2015年，在安徽岳西和湖南泸溪、凤凰等地开创产业帮扶，增强“造血”功能，助力当地经济收入的提升。2011—2015年，在西藏班戈共投入资金1.3亿元、完成项目43个，在青海茫崖行委援建两大工程，有力促进了地方经济发展，提高了当地百姓的生活水平。2016年，中国石化首次发布《中国石化精准扶贫白皮书（2002—2016）》，先后承担西藏、青海、江西、安徽、湖南、甘肃、新疆等7个省（自治区）的11个县（市）的扶贫开发任务，选派75名扶贫挂职干部深入扶贫第一线；所属单位也相应承担着各级政府安排的定点扶贫等工作任务。中国石化自成立至2015年，全系统累计投入扶贫资金11.61亿元。2002—2015年，累计投入对口支援资金3.39亿元，实施120个扶贫项目，并投入定点扶贫资金3.45亿元。同时，发布中国石化首套公益标识；由中国石化标识和一条爱心丝带构成，象征着中国石化向社会奉献一片爱心，“为美好生活加油”的心愿。通过构建以品牌标识为核心的公益视觉规范体系，重点突出对外传播中统一的中国石化公益形象，应用于公益慈善、扶贫救灾、环境保护、社会服务、志愿服务、社区发展、海外公益等业务领域，体现中国石化“报国为民、造福人类”的责任与品牌形象。2016年，中国石化在6个县定点扶贫投入资金8873万元，实施扶贫项目54个，切实培养当地经济社会发展的内生动力，改善生活质量、提升生活水平。其中，投入资金500万元，实施甘肃东乡县农村供水改造工程，解决6个乡镇683户3775人的饮水困难；投入资金870万元修建通村道路40千米；投入教育扶贫资金506万元。2017年，在6个定点扶贫县实施扶贫项目44个，投入扶贫资金9292元，受益贫困人口2.85万人；与中国扶贫基金会合作，在湖南凤凰县、芦溪县和甘肃东乡县实施美丽乡村旅游开发扶贫项目，投入资金1600万元；投入援藏资金3289万元，在西藏班戈县实施合作社运输、资助贫困大学生、扩建医疗卫生服务中心等援藏项目11个；援助青海泽库县1045

万元，受益人口4602人。是年，发布首部《中国石化在西藏（2002—2017）》白皮书。2018年，继续承担在6个定点扶贫县的扶贫任务，承担对口支援西藏班戈县、青海泽库县任务，共投入资金1.5亿元，实施扶贫项目67个，受益贫困户1.3万户3.7万人，有效助推当地经济社会发展，带动贫困群众脱贫奔小康。其中，安徽岳西县、新疆班戈县分别于2018年、2019年正式脱贫。2018年，第二次发布《中国石化精准扶贫白皮书（2017—2018）》，并首次发布《中国石化在新疆（1978—2018）责任报告》，全面系统阐述中国石化精准扶贫、支援新疆发展的履责实践，彰显企业责任担当。中国石化胜利油田认真履行国有企业的政治责任和社会责任，高度重视精准扶贫工作。2019年，胜利油田发挥内部消费、渠道平台等优势，帮助贫困地区农副产品打开销路，累计采购扶贫产品以及落实采购订单790余万元。至2019年，共派出“第一书记”6批23人次，帮包村19个，助力一批建档立卡贫困户走上了脱贫致富路。2021年3月，胜利油田胜大分公司被中国石化集团公司授予“扶贫先进单位”光荣称号。

中国海油担当央企责任，先后承担甘肃、海南、内蒙古等省（自治区）的6个县（市）和1个贫困村的定点扶贫及援藏任务。围绕民生扶贫、教育扶贫、产业扶贫等扶贫工作重点，办实事、做好事，形成了一套强有力的组织保障体系，积累了宝贵的实践经验。其中，海南省五指山市水满乡新村，在中国海油派驻第一书记的带领下，于2016年率先脱贫“摘帽”。中国海油对口帮扶的甘肃省合作市于2018年正式退出贫困县，成为甘肃省第一批脱贫的县市之一。对口援助的西藏尼玛县，从藏北无人区一个贫穷落后的小县城变成“藏北明珠”。2018年10月，中国海油在精准扶贫上再进一步，与各扶贫点联合，开展“消费扶贫”“全员扶贫”；“扶贫产品体验馆”在中国海油大厦开业，五指山黎锦、野生蜂蜜、卓资烧鸭、乳制品等特色产品受到海油人的追捧。中国海油线上线下齐推进，形成了以“消费扶贫”为主体、长期供销合同为保障的扶贫方案，有力解决了贫困地区农副产品销售难的问题。

2021年3月，在中央脱贫攻坚表彰大会上，中国石油、中国石化、中国海油多家单位受到表彰。

130 胜利油田推动高质量发展进行品牌建设的主要做法有哪些?

胜利油田按照“同举一面旗，同打一个品牌”的要求，坚持高举“中国石化”旗帜，扎实推进品牌建设，加强企业声誉管理，传播核心价值理念，着力将文化优势转化为品牌优势，对外展示“高度负责任，高度受尊重”的企业品牌形象。规范使用品牌标志，针对分会务、行政办公、多媒体、线上媒介、环境导示、生产设备设施等12个系统，细化制定落实方案和推进措施，全面贯彻落实VI体系，统一规范使用中国石化标识，集中树立中国石化品牌形象。2018年，修订《油气田地面生产设施设备外观形象标准化规范》企业标准，成为集团公司下属企业制定的首个外观形象企业标准，填补了中国石化系统油田板块生产现场外观形象标准化的空白，从源头上规范执行，提升现场管理，统一品牌形象。启动实施“品牌创优工程”，分产品、服务、技术三个类别开展创优活动，共评选出15个“胜利油田技术品牌”、16个“胜利油田服务品牌”、8个“胜利油田产品品牌”，搭建平台建立、开展宣传推介工作，推动品牌建设水平不断提升。胜利油田隐蔽油气藏勘探技术入选中国石化“十大优秀技术品牌”。2021年，在纪念胜利油田发现60周年之际，更加突出贯彻新发展理念，坚持用新思想、新理念指导新实践，对照改革发展稳定和党建工作的核心理念要求，明确了转变观念、更新理念160条和机关职能优化76条，破立并举、旗帜鲜明，引领推动油田决胜全面可持续高质量发展。

131 2021年，胜利油田在纪念发现60年之际，新确立的文化核心理念是什么？

1961年4月16日，华8井喜获工业油流，标志着胜利油田的发现，也揭开了华北地区和渤海湾盆地石油开发的序幕。60年来，胜利油田已累计为祖国贡献原油12.5亿吨，约占同期全国陆上原油总产量的五分之一。

2021年，胜利油田在纪念发现60年之际，新确立的文化核心理念是：

新时期胜利精神：爱国、创业、创新、开放。

胜利愿景：建设领先企业，打造百年胜利。

发展战略：价值引领、创新驱动、资源优化、绿色低碳、合作双赢。

胜利风范：从创业走向创新，从胜利走向胜利。

经营准则：一切工作向价值创造聚焦，一切资源向价值创造流动。

132 如何理解江汉油田“江汉精神”？

江汉油田是隶属于中国石化集团有限公司的中央驻鄂大型国有企业。在50多年的勘探开发建设中，江汉油田始终坚持勘探开发与文化建设并重，为国家创造了巨大物质财富和宝贵精神财富，培育形成了具有时代特色的企业精神，创新发展了独具企业个性的石油文化，为油田高质量发展注入了不竭动力。油田先后获全国文明单位、全国五一劳动奖状、全国模范职工之家等称号。

江汉油田1969年投入会战初期，正值我国在国际上遭到重重封锁，国内经济尚未恢复时期。来自全国各地的100多支井队、12万参战职工在生产生活极为困难的条件下，继承和发扬“大庆精神”“铁人精神”和“三老四严”“四个一样”优良作风，以“我为祖国献石油”的豪情壮志，人拉肩扛，战天斗地，取得了一个又一个石油会战的胜利，在一片沼泽地上建起了我国南方地区重要的石油工业基地，同时也形成了江汉石油职工特别能吃苦、特别能战斗、特别能奉献的会战传统，这就是“江汉精神”的萌芽。

20世纪90年代中叶，由于受内外部环境的变化等多方面的原因，江汉油田在稳产13年后，连续几年出现了亏损。面对困境，为了迅速扭亏为盈，走出低谷，鼓舞油田职工排除困难、勇于拼搏，江汉油田开始从理论与实践的结合上着手研究企业文化，将“江汉精神”概括为“苦干快上，自立自强”，即滚石上山、逆水行舟的拼搏精神，自我加压、勇挑重担的进取精神，自强不息、开拓前进的拼搏精神和上下同心、团结战斗的协作精神，并与思想政治工作、精神文明建设一道推进，引导激励全局广大职工昂扬斗志，振奋精神，进行江汉油田“第二次创业”。

进入21世纪以后，随着社会主义市场经济体制的建立和完善，江汉油田逐渐从过去的以原油产量为中心转移到以效益为中心的轨道上来。为适应油田内外部环境条件的深刻变化，江汉油田从“建设开放繁荣的大江汉”的战略高度，创新发展与市场经济相适应、与中国石化“爱我中华，振兴石化”企业精神相承接的新时期“江汉精神”。经过内外调研、广集民意、专家论证和局党委研究讨论等几个阶段，正式确立了“自强不息，和谐发展”的新时期“江汉精神”，并以其为核心，从观念形态文化、制度行为文化和物质形态文化三个层次，构筑起相对完整的江汉文化体系。

进入新时代以来，江汉油田深入贯彻落实习近平总书记关于保障国家能源安全的重要指示批示精神，紧紧围绕涪陵页岩气田高效开发，大力传承以“苦干实干”“三老四严”为核心的“石油精神”，弘扬以“精细严谨、求真务实、家国情怀、事争第一”为主要内涵的“石化传统”，并总结提炼出了以“为中华民族争气，为中国石化争先，为江汉油田争效”和“牢记使命创业，敢为人先创新，严细实恒创效，追求卓越创造”为主要内容的“三为四创”新时代“江汉精神”，不仅突出展示了江汉石油人立足新发展阶段、贯彻新发展理念、构建新发展格局，始终心怀“两个大局”，负重奋进、开拓创新的精神风貌，而且集中体现了江汉石油人创造新业绩、作出大贡献的雄心壮志和豪迈气概。截至目前，涪陵页岩气田累计新建产能130亿立方米、生产页岩气368.64亿立方米，为保障国家能源安全、促进地方经济社会发展作出了积极贡献。

50多年来，“江汉精神”薪火相传、代代相承，江汉油田广大职工始终坚守“我为祖国献石油”的主旋律，把爱国主义的“民族精神”、改革创新的“时代精神”以及石油石化工业的“优良传统”等多种精神元素融汇起来，使之成为江汉油田全体干部职工一致的信念追求和共同的价值目标。

133 如何理解西北油田“塔河精神”？

西北油田是中国石化上游第二大油田，新疆第二大原油生产企业。自1978年进疆以来，西北油田紧紧围绕国家和自治区经济建设需要，大力推进理论创新、技术创新，大力推进增储上产、效益开发，建成了我国最大的古生界海相碳酸盐岩缝洞型油气田，为保障国家能源安全作出了积极贡献。西北油田在塔里木盆地拥有勘查开采区块26个，面积8.26万平方千米，探区资源量123.8亿吨油当量，其中石油 66.5亿吨、探明率23.4%，天然气7.2万亿立方米、探明程度1%。目前开发建设油气田8个。

西北油田始终传承“三光荣”精神和“大庆精神”“铁人精神”，大力弘扬以“苦干实干”“三老四严”为核心的“石油精神”，继承发扬以“求真务实、精细严谨、家国情怀、事争第一”为主要内涵的“石化传统”，形成了“敢为人先，创新不止”的“塔河精神”，凝聚了干事创业的精神力量。先后荣获全国科学大会奖、全国地质勘查功勋单位、全国五一劳动奖状、全国文明单位、国家西部大开发突出贡献集体、国家科学技术进步奖一等奖2项等国家级荣誉10余项，省部级荣誉100余项。

传承“三光荣”精神（以献身地质事业为荣、以找矿立功为荣、以艰苦奋斗为荣），实现中国古生代海相碳酸盐岩油气首次重大突破。进军塔里木是在国家石油后备储量面临困境，国家提出寻找“十来个大庆”口号的背景下开始的。昔日的塔里木盆地北缘，满目苍凉，植被稀少，人迹罕至，处处横无际涯、黄沙滚滚。骆驼驮着干粮、水和行李，勘探队员们肩扛测量、勘探仪器，用双脚丈量着戈壁沙漠，风餐露宿、披荆斩棘，先后在塔里木盆地西南部喀什坳陷、麦盖提斜坡、巴楚隆起开展了遥感、石油物探、钻探和盆地周边地质调查工作，拉开了塔里木盆地艰苦卓绝的石油普查勘探帷幕。1984年9月22日，沙参二井获得突破，实现了中国古生代海相碳酸盐岩油气的首次重大突破，成为中国石油天然气发展史上的重要里程碑。于是，在“死亡之海”上，在“三光荣”精神鼓舞下，瀚海戈壁开出了最美丽的生命之花。“三光荣”精神成为这支队伍的“根”和“脉”，不论在油田发展的哪一个阶段，它始终是一代又一代西北石油人前进发展的动力和源泉。

发扬“大庆精神”，发现我国第一个古生界海相碳酸盐岩大油田。1989年，党中央和国务院作出了石油工业“稳定东部，发展西部”的重大决策。1990年，江泽民总书记亲赴塔北考察工作，对石油地质工作寄予厚望，并指示“继续保持并发扬光大大庆精神”。当时2万余名石油健儿云集塔里木，把塔里木盆地的油气勘探推向高潮。但是，直到1995年，在塔里木盆地碳酸盐岩领域却始终未找到大型油气田，海相碳酸盐岩油气勘探陷入困境。面对“国外少有、国内仅有”的特殊地质条件，面对前所未有的困难和挑战，西北石油人坚持以“两论”作指导，坚持“两分法”前进，通过不断的实践-认识-再实践-再认识，在塔里木盆地油气生成、演化、运聚、成藏的规律研究中取得了重大认识，逐步建立了塔里木盆地古生界海相碳酸盐岩岩溶缝洞型油气成藏理论。按照这一理论，1997年发现了我国第一个古生界海相碳酸盐岩大油田——塔河油田，实现了海相碳酸盐岩油气藏里程碑式的重大突破和重大发现，为国家油气资源战略西移目标的实施提供了坚实的保障。

形成“塔河精神”，引领西部油企走在高质量发展前列。2000年，按照国家全国石油大重组战略，西北石油局随中国新星石油公司整体并入中国石化集团公司，为西北石油局的发展史翻开了新的光辉一页。从2001年起，新领域、新层位的突破和发现层出不穷，油田规模不断扩大，地质储量、产能建设、油气产量连年攀高。为适应爬坡上产、快速发展的形势需要，西北油田于2005年提炼形成了“塔河精神”。“塔河精神”的形成，是“三光荣”“大庆精神”的延续、发展和升华，它描绘了西北石油人“从发现到发展，创业到创新”的发展历程，寄托了西北石油人对祖国能源事业的高度责任感和使命感。在“塔河精神”的鼓舞下，西北石油人敢于探索、敢于拼搏、敢于超越；创新实践、创新理论、创新技术，大胆地向新地区、新领域、新目标、新层位挑战，攻关夺隘、破解难题，想别人不敢想，做别人不敢做，极大地推动了油田的大突破、大发现、大发展。截至2018年1月，累计生产原油突破1亿吨、天然气255亿立方米。2021年计划生产原油680万吨、天然气21.5亿立方米。

四十多年来，西北油田承续“三光荣”精神、“大庆精神”，以“塔河精神”引领，聚焦高质量勘探、高效益开发，确保油气供应，努力奉献资源能源；坚持创新驱动，深化开放合作，持续增强油田高质量发展科技力量，扛稳保障国家能源安全的重任。未来，西北油田将大力弘扬“石油精神”和“石化传统”，奋发有为、实干争先，分步推进油田高质量发展，实现2022年建成千万吨级油气田、2025年建成1500万吨级油气田、远期3000万吨目标，全面建成现代油公司，为助力中国石化打造世界领先洁净能源化工公司作出新贡献。

134 如何理解“镇海炼化精神”？

镇海炼化股份公司是中国石油化工股份有限公司控股的特大型企业，是中国最大的原油加工基地之一，进入了世界炼油百强。

镇海炼化认真宣贯、践行《中国石油化工集团公司企业文化建设纲要（2016年修订版）》，培育和塑造符合镇海炼化实际的特色企业文化，实现集团公司共性文化与企业个性文化、本土文化的有机融合、相得益彰，努力把文化理念落实到生产经营的全过程，落实到每名员工的岗位工作中，以文化力提升执行力、竞争力。

企业使命：为美好生活加油；企业愿景：建设世界一流能源化工公司；企业价值观：人本、责任、诚信、精细、创新、共赢；企业作风：严、细、实。

企业管理理念：大气、正气，精细、勤奋，低调、务实。

大气：严格贯彻执行党和国家的路线方针政策、集团公司党组的决策部署，肩负起践行中国特色社会主义道路的政治责任和保障国家能源安全的光荣使命，承担起创造社会物质财富，使公司不断发展壮大的经济责任；履行对员工、对社会大众、对利益相关方的社会责任。

正气：领导干部工作上大智，善于动脑筋，具有创新思维；生活上清廉、清醒、低调；为人正直、正派。员工脚踏实地、爱岗敬业、奋发图强，努力创造一流的业绩和水平。

精细：管理上精雕细刻、生产上精耕细作、技术上精益求精、经营上精打细算。

勤奋：勤勉工作，脚踏实地，埋头苦干，一步一个脚印地把各项工作做好；勤于创新，不等不靠，敢为人先，勇于变革，追求卓越。

低调：谦虚谨慎，自强不息，不空谈、不张扬，用心想事、专心谋事、真心成事。

务实：重实干，不浮躁、不懈怠，干在实处、干在难处；求实效，不做表面文章、不搞花架子，一分布置、九分落实，以优良作风创造实实在在的业绩。

自强不息、勇创一流的镇海炼化。自1975年在宁波镇海的滩涂地上打下第一根桩起，镇海炼化就伴随着改革开放的脚步一天天成长壮大，逐步发展成为中国石油化工行业的巨人。四十年来，它见证了中国国企由弱到强追求卓越的豪迈进程，充分体现了中国人民不甘落后勇于挑战的顽强拼搏精神。它是中国改革的弄潮儿，是中国梦的践行者。

克服了难以想象的困难，经过第一代人“铁人”

般艰苦卓绝的努力，镇海炼油厂建成并于1978年11月19日顺利炼制出汽油。从250万吨原油的年加工能力，迅速做大到550万吨，成为杭州湾地区炼厂的首位。

借着改革开放的东风，镇海炼化在国内率先开展国外原油来料加工业务，开启了国内加工进口原油的先河。到1992年，镇海炼化又争取到外贸自主权，迈出了自营加工国外原油的坚实步伐。

随着加工能力的不断扩大，在东海最前沿的土地上，一座座炼塔拔地而起，镇海炼化飞速发展。1994年镇海炼化完成股份制改制，在香港上市。2000年镇海炼化原油综合年加工能力达到1200万吨，跨入千万吨级炼厂的行列。而2006年镇海炼化大乙烯项目建设开工，标志着镇海炼化由单一的石油炼制向炼化一体化发展，炼油和化工比翼双飞，更加增强了市场竞争力和灵活性。至2010年，原油加工能力突破2000万吨，达到2300万吨，接近最初加工量的十倍。非但如此，依托着镇海炼化，国家级宁波化工园区沿着东海岸如火如荼建设起来，带动了下游数千亿产值的产业链，为地方经济发展推波助澜。

时光流转，镇海炼化原油加工能力从全国排名第47位，逐渐成长为全国最大的原油加工、成品油出口基地。国际著名评估机构所罗门公司绩效评估报告显示，镇海炼化炼油竞争力长期居亚太地区炼厂第一组群；2010年建成投产的年产100万吨乙烯裂解装置绩效位列全球第一组群。

放眼未来，镇海炼化又在新的高度扬帆起航。通过项目提升改造和扩建，镇海炼化将打造成为管理优秀技术先进具有“实力、活力、魅力”的炼化一体化企业，建成世界一流的炼化基地，具有更强的国际竞争力。

按照新时代高质量发展的要求，该公司制定了项目发展、管理变革、人力资源发展规划，确定了至2045年中长期发展外延拓展目标、管理变革路径和人力资源开发方向，加快公司数字化转型，向精细化工和新材料、高端化学制品产业链延伸，按照“国际化、高端化、区域化、差异化”的发展定位，由单一制造型企业向复合型、基地化平台企业转型发展，力争实现公司整体实力、创新能力达到国际先进水平，把中国石化镇海基地打造成为“世界级、高科技、一体化”石化基地。

如何解读“齐鲁石化精神”？

1949年底，刚成立的新中国只有17万吨炼油能力，仅占当年世界5亿吨炼油能力的0.03%，国内消费的石油产品90%以上依赖“洋油”。石油是工业的血液，没有石油就没有经济建设发展的燃料动力。1960年经党中央批准，大庆石油会战开始，仅用三年半的时间就探明了面积达860多平方千米的特大油田，建成年产原油500万吨生产能力的国内最大油田。“苦干实干”“三老四严”的“石油精神”在这里形成。1964年1月25日，展开继大庆石油会战之后又一次大规模的华北石油勘探会战，全国第一口千吨井诞生，胜利油田由此得名。齐鲁石化的萌芽——胜利炼油厂就是这次会战中的配套项目，为加工胜利原油而建，适应国家对石油产品的需要。

1966年4月1日，胜利炼油厂第一期工程在大虎山脚下开工建设。首批创业者在虎山脚下安家落户，风餐露宿，踏着建设新中国的豪迈节拍，在远离城市的荒山坡上，建成了完整配套的大型石油化工基地。

1978年，中国迎来了改革开放的新时代，改革开放为齐鲁石化的建设和发展带来勃勃生机，齐鲁石化30万吨乙烯项目就是当时从国外引进的22个大型成套项目重要组成之一。1984年4月1日，总投资63亿元的齐鲁石化30万吨/年乙烯工程举行隆重开工典礼。这一项目是当时我国继宝钢、葛洲坝水电站之后的第三个特大型重点工程项目。30万吨/年乙烯的建成，在齐鲁石化发展史上具有里程碑意义，它标志着齐鲁石化的生产规模和产品结构发生了历史性飞跃，齐鲁石化实现了从炼油向乙烯发展的提升。

1986年5月4日，公司党委决定在全公司开展“什么是齐鲁精神”的全员大讨论，并在《石化工人报》一版发出通知。历经204天的深入讨论，公司党委常委会确定“团结勤奋，争创一流”为齐鲁石化精神，是“石油精神”在齐鲁石化的生动体现，概括了建厂以来20年间形成、发展和积淀的好传统、好经验、好作风。“团结勤奋，争创一流”的企业精神，饱含着“艰苦奋斗、团结协作、开拓进取、事争第一”的丰富内涵，体现了广大职工的共同理想，激发了广大职工热爱齐鲁、发展齐鲁、振兴石化、为国争光的自豪感和主人翁责任感，认清了使命，树立了目标，激励着公司广大职工团结拼搏，奋发进取，以一流的工作创一流的业绩。

在企业精神的指引下，一代代齐鲁石化人努力拼搏，目前已发展成一家集原油加工、石油化工、煤化工、天然气化工、盐化工为一体，配套齐全的大型炼油、化工、化纤联合企业。随着中国特色社会主义进入新时代，齐鲁石化也站在了打造两个一流，推进基业长青的新起点。2020年，在齐鲁石化建厂54周年之际，立足新时代，聚焦新形势，齐鲁石化阐释了企业精神新时代新内涵，既是历史的延续，更是精神的传承，在公司的发展史上具有重大的意义，也是浓墨重彩的一笔。企业精神新时代新内涵的阐释，是以习近平新时代中国特色社会主义思想为指导，根植于中国特色社会主义伟大实践，立足于齐鲁石化的改革发展实际。

企业精神新时代新内涵的核心内容是：

团结，是忠诚者的文化。正如习近平总书记指出："信仰、信念、信心，任何时候都至关重要。"唯有忠诚于党和国家，忠诚于事业、企业、同事、家庭，各方面力量才能像石榴籽一样团结在一起。齐鲁石化的历史如此，现在、未来亦如此。

勤奋，是奋斗者的文化。正如习近平总书记指出："幸福都是奋斗出来的。"齐鲁石化的改革发展史，就是一部奋斗史。为幸福而奋斗，在奋斗中谋幸福。唯有奋斗不止，才能书写新时代的精彩，才能创造幸福的生活。

争创一流，是事争第一、永不停步的文化。正如习近平总书记指出："干在实处永无止境，走在前列要谋新篇。"我们发展，别人也在发展；我们努力，别人也在努力。要瞄准一流的目标来谋划、来实施、来付出。纵然一流，仍奋斗不止，保持旺盛的生命力。

从打下第一根桩，到30万吨/年乙烯开工建设，再到炼化一体化转型升级，历史更迭，时代变迁，但熔铸在齐鲁石化人血脉里的忠诚没有变，骨子里的奋斗精神没有变，事争第一、永不停步的情怀没有变。企业精神只有一代接着一代传承下去，才能让初心和使命在思想深处扎根，为打造两个一流，推进基业长青凝聚力量，为实现美好蓝图指引方向。

136 怎样理解“中国石化工程建设公司精神”？

建国初期，新中国的工业化建设在百废待兴、一穷二白中艰难起步。毛泽东指示，只有实现粮食、棉花、煤油这三种东西靠自己，经济建设问题才能彻底解决。1953年，在“石油产品三年过关，五年立足国内”的总体部署下，中国石化工程建设有限公司（SEI）的前身燃料工业部石油管理总局设计局和重工业部化学工业管理局化学工业设计公司相继成立。

面对发达国家的技术封锁，老一辈SEI人学习苏联设计经验起步，通过参与兰州炼油厂、“三大化工基地”设计建设，刻苦摸索，积极创新，完全依靠自己的力量完成大庆炼油厂、四川维尼纶厂设计建设，揭开了独立自主设计炼油化工主要装置的序幕。经过一代代SEI人不懈努力，创新形成了具有国际先进水平的炼油化工技术体系，高质量完成了以千万吨级炼油和百万吨级乙烯为代表的大型石化工程项目设计与建设，助力打造了一大批产品质量先进、规模结构合理、运行安全稳定的具有较强竞争力和发展力的炼化企业，为中国石油化工行业发展作出了历史性贡献。

1983年，中国石油化工总公司成立。这两家单位划归到石化总公司，分别更名为中国石化北京设计院（BDI）、中国石化北京石油化工工程公司（BPEC）。1999年，根据集团公司改革发展需要，BDI、BPEC等6家单位进行了合并重组，2003年进行深化改革后，形成了现在的SEI。

经过68年发展，SEI始终以振兴中华为己任，服从国家使命、服务国家需要，为我国炼油化工行业作出卓越贡献，已发展成长为国内领先、国际知名的工程公司。68年的辉煌历程塑造了企业知识报国的企业精神，逐步形成了以“一起，做更好的”为企业核心价值观企业文化体系。

在20世纪50—60年代艰苦创业阶段，老一辈SEI人探索形成以“艰苦奋斗，自主创新，知识报国”为理念的企业精神雏形。

在火热的70—80年代，SEI人在自力更生、发展自有技术的道路上开拓进取、砥砺前行，取得了开创性的辉煌业绩，形成以“自力更生、艰苦奋斗、知识报国”为理念的企业精神。

伴随着改革开放的步伐，SEI人发扬“爱我中华，振兴石化”精神，秉持知识报国的理念，勇立潮头、引领创新，在推进国产化和实现设计技术跨越式发展的道路上行稳致远，一套套倾注着SEI人心血和汗水的装置犹如璀璨的明珠镶嵌在祖国大江南北。

2002年，根据重组企业的现状和发展需要，SEI提出“宽松融洽，严格规范，竞争创新”的企业文化理念的核心内涵。

2004年，SEI以新办公楼搬迁启用为契机，公司党委确定“精诚团结，追求卓越”为企业精神。这是“石油精神”“石化传统”在SEI的生动体现。

2011年，SEI在原有企业文化核心内涵的基础上增加了“乐业奉献”的内容，形成现在“宽松融洽，严格规范，竞争创新，乐业奉献”的企业文化核心内涵。

SEI企业核心价值观：一起，做更好的。

SEI企业文化核心内涵：宽松融洽，严格规范，竞争创新，乐业奉献。

释义：这是员工群体健康向上心态的凝结，是员工对企业信任感、自豪感的集中体现，是企业向心力和凝聚力的源泉。

“宽松融洽”：宽松不等于松散，融洽不等于混乱。宽松融洽就是要建立可以发挥员工聪明才智的人文环境，使他们逐步成为管理、技术等方面的专门人才和专家。

“严格规范”：严格不等于停滞，规范不等于死板。严格规范就是要努力推行科学管理，建立并执行规范化的技术及管理标准、严格的责任制度和有效的授权机制。

“竞争创新”：“竞争”就是在新的形势下，对外与国内外工程公司展开有序竞争，对内要在目标责任制度和项目成本核算制度带动下，开展项目之间、部室之间、管理部门之间的竞争。“创新”是公司发展的永恒主题，要通过竞争促进各种创新举措的大力实施。

“乐业奉献”：“乐业”是专业、敬业、爱业的升华，是一种责任、一种心态、一种境界，体现了SEI员工积极主动、热爱工作的良好风貌。“奉献”是SEI几十年来能够不断做大做强，一直走在石化工程建设领域前沿的精神支撑。

伴随着共和国的成长，SEI已发展成为一家以工程设计为主体，可提供从工程研发、技术许可、工程咨询、工程设计、数字化工厂建设到工程总承包的一站式服务的工程公司，拥有工程设计综合甲级、工程咨询甲级、工程监理甲级等国家顶级资质证书，业务范围涵盖石油炼制、石油化工、煤炭清洁利用、天然气净化与液化、油品及天然气储运、生物能源、新能源等领域，是我国最具实力的工程设计和工程总承包企业。在全国工程勘察设计企业各项排名中多次名列第一，荣获“中国工程设计企业60强”六连冠，连续六年荣登全国工程总承包企业百强排名榜首，2019年获得“中央企业先进集体”荣誉称号。

68年来，SEI致力于保障国家能源安全和人民生活需要，先后完成了上百家企业3000余套装置的工程咨询、工程设计和工程总承包，所有项目均一次开车成功，助力打造了一大批质量先进、结构合理、运行稳定、竞争力强的现代炼化企业和煤化工企业。特别是进入21世纪以来，建成了以海南炼化为代表的现代化炼厂，以武汉乙烯为代表的现代化乙烯厂，以海南对二甲苯为代表的芳烃工厂，以福建炼化为代表的炼化一体化企业，以神华为代表的煤制油工程，以中天合创为代表的煤化工工程，以普光天然气净化厂为代表的高酸天然气处理厂，以山东国家石油储备库和天津LNG为代表的石油和天然气储备设施，在工程设计与建设、项目管理等领域树立了品牌，成为推动我国能源化工工业高质量发展的重要保障力量。积极响应“一带一路”倡议，深入贯彻落实“走出去”战略，以建设世界领先石油化工工程公司为愿景目标，奋力开拓海外市场，业务区域已覆盖20多个国家和地区，重点在马来西亚、泰国、中东、俄罗斯等地取得了较大突破，建成以沙特延布炼厂为代表的境外中外合资项目，用一座座精品工程打造了中国炼化工程技术国家新名片。

137 “石油精神”在山东石油有什么具体体现？

山东石油公司党委注重强化精神引领，时刻牢记在经济领域为党工作，将销售企业党员干部应有的算账、服务、奋进、关爱精神化为每个人的自觉行动，全力促进国有资产保值增值、企业和谐健康发展。

充分发挥销售企业的算账精神，公司倡导全员“拎着算盘上班”，算“生态账”，拓展化解矛盾新思路。算“管理账”，凝聚管理创效新动能。算“改革账”，探求激发活力新方法。算“市场账”，聚焦量价双收新策略，全力冲刺量效兼顾、量价双收。

充分激发客户至上的服务精神，摒弃陈旧观念，真心实意为客户服务，提升服务能力，用心用情为客户服务。丰富服务手段，耐心细致为客户服务。倾斜现场一线，同心协力为客户服务，建立起“以客户为中心”的精准营销体系，一心一意打造客户舒心消费的“家”油站。

以统筹联动激发团队奋进精神，转作风、强示范、重引领。完善机关联动机制，“群奋进、重行动、求实效”，对重点工作采取项目管理方式推进，助力团队作用发挥。熔铸支部红色基因，推进“标准+红色+

服务”特色品牌党支部建设。进一步完善山东石油荣誉奖励管理体系，对标先进典型，促进全员汲取榜样力量。

用关爱精神润泽员工身心。以完善生活设施、完善配置标准、完善关爱措施等“三个完善”营造家园氛围。用书报订阅、宣传栏配置、信息传播、文体活动等“四个到站”丰富文化生活。以从物质生活向精神关怀、从员工向家庭、从内部向客户的“三个延伸”传递大家庭温暖，助力形成山东石油想员工好、员工想企业好的和谐氛围。